年齢別●保育研究

1・2歳児の自己肯定感の土台を育む

泣いて笑って育ちあう16人の物語

芦澤清音
+バオバブ霧が丘保育園

HITONARU SHOBOU

バオバブ霧が丘保育園の園庭マップ

もくじ◆年齢別保育研究　1・2歳児の自己肯定感の土台を育む

プロローグ　なぜそんなに楽しく保育が語れるの？　6

第1章　1歳児クラス・みつばち組の春夏秋冬　19

春
みつばち組のスタート　20
ドキドキの新入園児　20
進級児のゆらぎ　23
かかわりながら、まじりあっていく　29
楽しいけれど悩ましいみつばち組の散歩　36
コラム①　あとからふり返って気づくこと　39

夏
世界を広げる子どもたち　41
安定した生活づくり　41
気持ちを出し合うことが大事　49
水を満喫する夏　54
刻々と変わる子どもたちの関係　58
コラム②　お昼寝前、おしゃべりしてもいいんじゃない？　64

秋
ふくらむ自我・広がる遊び 65
ぶつかり合いながら、つながっていく 65
秋は外が気持ちいい 74
遊びを広げるのはだれ？ 82
コラム③ 手つなぎ散歩の裏話 89
冬
体験の積み重ねを実感する 90
苦労続きの手つなぎ散歩が変わっていく 90
幅が広がる子どもたちのやりとり 94
共感する力 100
ごっこ遊びがふくらんでいく 106
コラム④ 1歳児のブームの不思議 110
第2章 2歳児クラス・てんとうむし組の春夏秋冬 111
てんとうむし組の大人たち 112
春
てんとうむし組のスタート 124
新しい部屋・新しい大人 124
ぶつかり合い炸裂 128
大人の学び 136
コラム⑤ こわいこわい節分の、そのあとは…… 141

夏
続く思い・続く遊び　142
今日も新たな個性が光る　142
楽しいことはとことん楽しむ　148
コラム⑥「ピンポーン」秘話　159
秋
響き合う仲間・育ち合う個性　160
遊びの秋　160
子どもの名言　175
新人保育士も成長しています　180
コラム⑦ 磨きがかかるユーモアセンス　186
冬
乳児から幼児へ　187
個々の成長・クラスの成長　187
いよいよせみ組へ　201
コラム⑧ 女の子と男の子のごっこ遊びの違い　203
エピローグ　子どもの今が輝くため　205
刊行に寄せて　浜谷幸子　222

prologue

プロローグ

なぜそんなに楽しく保育が語れるの？

「大変なクラスだったけど楽しかったね」と担任は、声をそろえる。

「とにかく、手が出る、口が出る。ちょっと目を離すと、どこで何が起こるかわからない。今まで楽しく遊んでいたのに、いったいどうしちゃったのって」

「自己主張のはっきりしている子が多かったから、ほとんどみんながかみつくみたいな時が一時期あって、その日をこなすのがいっぱいいっぱいだったね」

「そうそう、子どもを3人膝に抱いて絵本を読みながら、○○ちゃん、そっちに行きました！って、近くにいる大人（担任）に声をかけてた」

「朝、登園の早い子どもたちでゆったり過ごしているときはいいんだけど、だんだん子どもが増えてくると、あやめちゃんは顔つきが変わってくるのよね。バッグを両肩にかけて、両腕にバッグとかおもちゃを抱えられるだけ抱えて、絶対取られるものかって」

今では幼児クラスになって、すっかり落ち着いたおねえさんになったあやめちゃんの1歳のころの姿だ。当時、1歳児クラス（みつばち組）では、あやめちゃんにかぎらず、手が出る、口が出る（つまり、かむ）ことが頻繁に起こっていた。2歳児クラス（てんとうむし組、園内では通称「てんとう組」）になって、かなり落ち着いたものの、引き続きあちこちで小さな事件が勃発していた。

自我が大きくなってきて、〝あれも、これも、わたしの！〟とばかりに、なんでも自分のものにしたくなって、まわりと衝突することが多くなった子どもたち。そんなみつばち組（後のてんとう組）の16人の子どもたちを前にして、日々奮闘していた保育士たちだ。なのに、この明るい笑顔。次々と思い出されるエピソードに笑いの渦がわき起こる。

ここは、横浜市北西部にあるバオバブ霧が丘保育園の事務室。子どもたちのお昼寝の時間に当時の担任たちが集まった。話の輪にいるのは、みつばち組（1歳児クラス）の担任だった反町由美さんと清水かおりさん。清水さんは、ちょうちょ組（0歳児クラス）から引き続きみつばち組の担任になり、翌年はてんとう組（2歳児クラス）に持ち上がったので、この子どもたちとは3年間いっしょに過ごしたことになる。そして、てんとう組の担任だった松浦瑠璃子さんと新人の名取未来さん、それに、園長の浜谷幸子さんと筆者だ。

ここに集まったメンバーは、園長と筆者を除いてみんな若い。新人の名取さんはもちろん、その

資料　バオバブ霧が丘保育園のクラス編成と定員

ちょうちょ組	0歳児	9人
みつばち組	1歳児	28人
てんとうむし組	2歳児	

せみ組	3歳児	20人
とんぼ組	4歳児	49人
かぶとむし組	5歳児	

他の担任も、本園で働きはじめて6～10年未満の比較的若い保育士だ。この若さで、エネルギーありあまる子どもたちと向き合い、フーフー言いながらも、知恵と力と心を合わせてがんばってきた。この苦労をともに乗り越えた経験と仲間意識が、笑顔につながるのか。

いや、それだけではなさそうだ。日々の大変さはさることながら、それを上まわるおもしろさ、楽しさがあったのだ。個性豊かで、パワーあふれるじつにおもしろい子どもたち。

「すごく意欲があって、みんな遊ぶことが大好きだったね」

「活発なクラスだったから、とにかく発散しようと思って、体をいっぱい使って、たくさん遊んだよね。1歳児なのにどのクラスより早く庭に出て、どのクラスより遅くまで外で遊んでたね。ほんとによく走ってたよね」

そんな活発な子どもたちの様子がわかる日誌のエピソードがある。これは、1歳児クラスの5月の子どもたちの姿だ。まだ歩行もしっかりしていない子どももいる中で、このエピソードに登場する女の子たちは、月齢の高いちょっとおねえさんの子どもたちだ。

1歳児クラス　5月19日　バトンタッチ⁉︎　記…清水

せみ組（3歳児クラス）が芝生のまわりをバトンタッチしていたのを見て、きよみちゃんも走りだす。

ちょうちょ組（0歳児）のテラスからの大人の応援もあってますますやる気満々！　応援してくれる大人

に手を振って4、5周も走っていた。その姿に誘われるようにあやめちゃんやみずきちゃん、しおんちゃん、さつきちゃんも参加してみんなで走った。バトンもかしてもらえたので、きよみちゃんは握りしめて走る。あやめちゃんは持っていることを忘れて走りだすと落としてしまったりしていたが、バトンはうれしかったようだ。しおんちゃんが転んでしまうと、心配してきよみちゃんが駆け寄ってなぐさめている。背中をなでたりしながら「あっちにしーさん（清水さん）いるよ！」と身ぶりで伝えていると次々に心配して他の3人も背中をたたいてあげる。最後は大人が声をかけて立ち直ったが、子どもたちの姿がとてもほほえましくステキなやりとりだった。大きい子たちの姿を見て楽しめる遊びが増えていくことがうれしい。これからもいろんな遊びを楽しみたいなと思った。思いきり走ったのでベンチに座って麦茶で乾杯！　走ったあとの麦茶はとてもおいしかった。

さて、大人たちの話は続く。

「おしゃべりが上手な子が多かったのもあって、みつばち組のときからごっこ遊びをいっぱいしてたよね。その遊びがまたおもしろくてね。いっしょに遊んでいるのがすごく楽しかった」

そのときの子どもたちの姿を思い出して、また、話に花が咲く。

「そうそう、まだこんな小さいのに、日常の経験がけっこうあるというか、一人ひとりが体験し

ていることが遊びにつながるのよね。病院ごっことかもそうだし、保育園ごっことか、赤ちゃんの世話とか。よく大人の姿を見てるし、セリフもよくマネできていて笑ってしまった。大人がもっと具体的にすると、子どもがすごくおもしろがって、遊びがふくらんでいくのよね。とにかくノリがいい。うまく伝わらないということがあまりなかった気がする」

「病院ごっこをしても、『これから手術しますね。メスお願いします』っていうと、『ハイ』って、ままごとのフォークとかナイフなんかを持ってきてくれる。『お熱をはかって』っていうと、すぐわかって、スプーンを持ってきて脇にはさんだりして、臨機応変に反応してくれる」

「そうそう、みんな『やりたい、やりたい』って来るから、大人がどれだけ楽しめるかで、子どもの楽しみ方が変わってくる」

だから、大人も思いきり楽しんだ。そうだったのか。担任の笑顔は、子どもたちのおもしろさと、いっしょに遊びを楽しんだ時間から生まれてきたものだったのだ。どんな様子だったかは、あとのお楽しみとしておこう。

楽しいことを書き残す

ところで、こんなに楽しく保育を語り合う保育士たちと、筆者がかかわりを持つようになって7年ほど経つだろうか。いろいろなクラスに入って子どもや保育の様子を見たり、ケース検討会に参加して、保育士たちと保育について語り合ってきた。ケース検討会は、さまざまな事例を通して保育を考える勉強会だ。年に数回定期的に行われている。そこで紹介される事例は、保育士が毎日日誌に記録する保育エピソードをもとに語られる。このエピソードが生きいきとしていてなんともおもしろい。もちろん、このエピソードを使いながら保育士が語る事例は臨場感たっぷりだ。

日誌の形式は、乳児クラスと幼児クラスとでは異なるが、いずれも、1日の全体の記録とその日のエピソードを書く欄がある。たとえば、乳児クラスの日誌には、午前、午後の全体の子どもの様子、その日の子ども一人ひとりの報告、それに加えて、エピソード欄がある（下、**資料**）。エピソード欄には、その日に印象

資料　バオバブ霧が丘保育園（乳児クラス）の日誌の書式

○○年度　○○○組　日誌　1歳児クラス

月　日（　）天候	在籍児童数	出席児童数	欠席児童数	記録者	園長印
	人	人	人		
保健関係	特記事項		職員体制		

午前の様子／ふりかえり

午後の様子／ふりかえり

（タイトル）　印象に残ったこと・子どもの想い・保育者の想い・考察など

名前○○○○　生年月日	名前○○○○　生年月日
名前○○○○　生年月日	名前○○○○　生年月日
名前○○○○　生年月日	名前○○○○　生年月日
子ども名前　生年月日	名前○○○○　生年月日
名前○○○○　生年月日	名前○○○○　生年月日
名前○○○○　生年月日	名前○○○○　生年月日
名前○○○○　生年月日	名前○○○○　生年月日
名前○○○○　生年月日	名前○○○○　生年月日

に残った場面を書き残すのだが、単なる観察記録ではなく、その場面を通して、子どもの思いと保育士の思いをふり返って考察することを大事にしている。

ふり返りや考察というと、反省文のように思うかもしれないが、中身はまったく逆。思わず顔がほころんだり、笑ってしまうようなエピソードが並ぶ。担任たちは、エネルギーあふれる子どもたちと格闘の日々を過ごしながらも、楽しい場面、うれしかった場面、ほっこりした場面を心に刻み、日誌に書き残し、心をほぐして一日を終えたのだろう。こうして、ふり返ることで、明日への活力が生まれてきたのだなと日誌を読んで納得する。

また、エピソードには、タイトルをつけることになっている。保育士は、タイトルにも凝る。『痛いの飛んでけ〜』『そのクマさんが欲しいの』『空も飛べるはず』など、思わず読みたくなるタイトルが並ぶ。担任がちょっとした遊び心を持ちながら楽しんで書いている様子が目に浮かぶ。

日々の記録から浮かび上がる子どもと大人の成長物語

本書は、そんな日々のエピソードをたどりながら、子どもと保育士の2年間の物語を描いたものだ。2年間のエピソードの数は、日誌が書かれた日数と同じだから500を超える。本書に紹介するエピソードはそのうちの150ほど。大体3割といったところだ。本書を執筆する作業の中で一番苦労したのが、このエピソードを選ぶ作業だった。どれも捨てがたい。しかし、紙面の都合上全部を紹介するわけにはいかない。苦渋の選択を強いられることになった。

そこで、最初にしたのは、筆者が読んで率直に感動し、読者とその感動を共有したいと感じたエピソードを選ぶことだった。感動の中身は、楽しい、おもしろい、ほのぼのする、なるほどと納得する、そういうものかと驚く、など多岐にわたる。つまり、何かのテーマに沿って選んだわけではなかった。

次にしたことは、エピソードを書いた担任に集まってもらい、自分が好きなエピソードをあげてもらうことだった。自分が書いたものだけでなく、他の担任が書いたものを選んでもよいことにした。和気あいあいとエピソードを出し合いながら語り合うなかで、子どもの姿と保育士の思いが浮かび上がり、まるで、保育場面を映像で見るような楽しい時間だった。

おもしろいことに、担任と筆者が選んだエピソードには、大きな違いがなかった。ただ、担任が当たり前だと思うことに、筆者は新鮮な驚きを感じることが多く、語り合いながら、意識の違いを確認しつつ、エピソードを加えていった。

こうして、保育士と筆者がともに選んだエピソードを改めて見直すと、ひとつのテーマが浮かび上がってきた。「子どもの今、この輝きを大切にする保育」だ。今、この瞬間を子どもとともに味わい、楽しみ、充実させようという保育士の思いがエピソードから伝わってきた。今を大事にするということは、それまでの子どもの姿や子ども自身の思いや願い、言いかえると、子どもの物語を大切にすることでもある。子ども一人ひとりの物語は、時間の流れとともに、保育の中で新たな物語を紡ぎ、子どもと保育士の成長の物語をつくりあげていく。

こうして、子どもの今、この姿に感動する保育士の思いに寄り添いながら、子どもと保育士の成

何気ない一瞬も、かけがえのない物語のひとコマ。

長を描く、これが、本書のテーマになった。

「こうあるべき」より、「今」を輝かせたい

ところで、保育の現状を概観すると、子どもの現実を見ずして、未来のあるべき姿に目を奪われ、『こうあるべき』だと大人が考える子ども像に向かって、子どもを急がせよう、子どもを変えようとする保育が広がっているように感じるのは筆者だけだろうか。

こんなにおもしろく、味わい深い日常を楽しまずして、先ばかり見ているのは、じつにもったいないことだ。保育をいっしょに楽しんでみませんか。本書は、そんな思いでつづったものだ。

一つの物語をドラマチックに描くには、幼児のほうが向いているかもしれない。幼児クラスでは大きな行事をはさんでさまざまなドラマが日々展開する。また、活動づくりや子どもの世界の出来事もそのスケールを増しダイナミックになるからだ。

しかし、あえて1、2歳児に目を向けることにした。何気ない日常をのぞいてみると、小さなドラマがあふれんばかりにくり広げられている。子どもの数だけ、いや、かかわりの数だけドラマが生まれる。保育エピソードは、その日常に虫眼鏡をかざすように、拡大して私たちにドラマの詳細を見せてくれる。日々の出来事は単発のように見えるが、じつは、点が線になり面になるように、つながり広がっていくことに気づく。

1、2歳はまさにその時期といっていいだろう。子どものふくらんでいく思いは、大人との関係

や子ども同士の関係を育み、一人ひとりの子どもの世界を広げていく。つながり、広がっていくさまに、その瞬間を見せてくれるのだ。

みつばち組の11月のエピソードに次のようなものがある。りんごちゃんは、おしゃべり上手な月齢の高い女の子たちが多いクラスの中で、月齢が低く、入園当初は、妹的な存在だった。

1歳児クラス　11月7日　仲間入り　記…反町

朝、れおくんが電車でうまくいかずに涙が出ていると、置いてあったれおくんのタオルを「どうぞ」と渡したり、あんずちゃんが母と別れてションボリしていると、顔をのぞき込んで励ますように話しかけたり、おどけてみせるりんごちゃん。園庭に出ると、さなえちゃん、しおんちゃんが楽しそうにテラスを行き来して、寝そべっているのにくっついて話しかけ参加して楽しさを共有していた。よく東郷さんや丹さんに抱っこされて移動したり遊んだりする姿を見かけることが多いりんごちゃんだが、月齢の高い人たちの遊びにくっついて〝私もいっしょに遊びたいのよ!〟と積極的にかかわっていく姿がほほえましく成長を感じた。

一人遊びをしていることが多かったりんごちゃんの世界が広がっていく。さなえちゃんとしおんちゃんは、月齢の高いちょっとおねえさん的存在。そんな子どもたちと、この瞬間につながっていく。こんなふうに、一人ひとりの成長と、変化の瞬間をつぶさに見ることができるのがこの時期の子どもたちだ。2年間のエピソードは、子どもの成長の感動を伝えてくれるだけでなく、この時期の保育の大切さも教えてくれる。

バオバブ霧が丘保育園が大切にしていること

さて、これから子どもたちの日常のドラマを見て行く前に、少しこの園の話をしておきたい。

バオバブ霧が丘保育園では、職員を〝大人〟という。そして、一人ひとりをさんづけで呼ぶ。もちろん、子どもも同じ。だから、清水さんは〝しーさん〟、反町さんは〝そりまちさん〟、浮島さんは〝うきさん〟、松浦さんは〝るりこさん〟（当時、同じ苗字の人が二人いたので下の名前で）、名取さんは〝なとりさん〟。園長は〝はまやさん〟だ。

ここで、はじめて登場したのは、うきさんこと浮島由子さん。0歳児からの持ち上がりで、みつばち組の7月のはじめに産休に入った。なので、さきほどの話の輪の中にも、育休中だったため入っていなかった。だから、子どもたちは、新しいクラスになじんだころに持ち上がりの担任が交代するというちょっとした危機を経験した。そんなこともあって、みつばち組では、新しい環境に慣れるのに時間のかかる子もいた。浮島さんが産休に入った翌日の日誌のエピソードだ。

7月8日　うきさんに会いたい　記…反町

昨日も今日も朝の母との別れで大泣きのさつきちゃん。そして今朝は「うきさんに会いたい」と大泣きになり、何も口にしなかった。浮島さんが産休に入ってしばらく会えなくなってしまうことを感じて

手前左から、反町さん・浮島さん（1歳の時担任）、松浦さん・名取さん（2歳の時担任）。後ろ右から、清水さん（0〜2歳の時担任）、浜谷さん（園長）、池成さん（副園長）。

いるのだろう。年度が替わってしばらくはスッキリしない日々が続いていた。今回もしばらくは不安定な日々が続くと思うが、必ず越えられると信じてつき合っていきたい。

しかし、こんなできごとも、ふり返ればなつかしい思い出になる。

閑話休題、話を元に戻そう。

園の職員を〝大人〟と呼ぶのには意味がある。バオバブ霧が丘保育園では、保育士は、子どもと同じ一人の対等な人間として子どもに接していく。世話をする人とされる人という関係だけではなく、できるだけ家庭的な雰囲気を大事にしながら、大人は、生活の中で子どもの育ちを支え、その一方で、子どもとともに育っていく存在だと考えている。子どもが安心して自分の力を存分に発揮できる環境づくりをしながら、子どもとかかわり、ともに楽しい時間を過ごすのが大人の役割。

だから、みつばち組でも、てんとう組でも、大人は子どもといっしょに遊んで、いっしょに楽しむ。保育園の理念※はこうだ。

子どもたちが、
・自分を大切に思える人
・やわらかに開かれた心をもち、さまざまな人とともに生きていける人
に育っていくことを願い、保護者とともに子育てを進める。

※ この保育理念は、バオバブ霧が丘保育園だけのものではなく、園を運営している「社会福祉法人バオバブ保育の会」共通のもの。

自分を大切に思える気持ちは、自己肯定感と言いかえてもよいだろう。自己肯定感というと、ちょっとかしこまった感じがするけれど、最近は流行語のように世の中で広く使われているから、今や知らない人はいないだろう。ひらたく言えば、ありのままの自分を受け入れることができる心。こんな自分でも大丈夫だと思える心のこと。自分を認めてあげる気持ちがなければ、人を認めることはできないだろう。

「わが子にどんな子になってもらいたいか」という質問に対する答えで一番多いのが、「思いやりのある子」だという。人にやさしくできる子どもになってほしいと思うのは親心。思いやりのあるやさしい子は、きっと人からも愛されるから。おそらく、保育士の思いも同じ。

でも、そのためにはまず、自分が大切にされていると実感することが必要だ。子どもは、ありのままの自分がしっかりと受け入れられていると感じることではじめて、自分が大切にされていると実感する。そして、人にも思いを寄せることができる。だから、大人は、子どもが自分のありのままの思いを出すことを一番大事にしている。そのために、まず、子どもの思いを受けとめよう、そんな思いで日々の保育をしている。もちろん、思いが空まわりすることも、うまくいかないこともある。でも、その努力だけはしようと心に誓っている。

そんな大人と、エネルギッシュで個性豊かな子どもたちはいったいどのような物語を紡いでいくのだろう。エピソード※でつづる16人の2年間の物語をはじめよう。

芦澤清音

※ エピソードの掲載にあたっては、プライバシーに配慮して子どもの名前は仮名とし、個人を特定する事実関係は一部割愛・変更しています。

第1章

1歳児クラス・みつばち組の春夏秋冬

春
4月〜5月

みつばち組のスタート

4月。新しい子ども6人を加え、みつばち組16人の生活がスタートした。大人は4人。常勤の職員、清水さん、反町さん、浮島さんと、准職員の東郷清美さん。7月には、産休に入った浮島さんの代替として丹由美子さんが入った。

ドキドキの新入園児

新人は、そらくん、れおくん、こうせいくんの男の子3人と、かんなちゃん、あんずちゃん、りんごちゃんの女の子3人。どの子も11月以降に生まれた月齢の低い子どもたちだ。とくに、かんなちゃん、あんずちゃん、りんごちゃん、こうせいくんは、早生まれの子どもたち。新入園児のなかには、他の場所で保育を受けた経験のある子もいるが、多くははじめての園生活だ。月齢の高いちょっとおしゃまな進級児たちとどんな生活がはじまるのだろう。

大人も子どもも、ドキドキの初日。

4月4日　新みつばちスタート!!

記…清水

今日から新入園児も保育園での生活がはじまった。7時30分すぎにれおくん、かんなちゃんが登園する。この2人は保育経験もあり、部屋に入ると母父から離れて遊びだす。れおくんは表情がかたく、〝ここはどこだろう?〟と不安も感じるようだったが、ボールや電車を渡すと遊びだした。かんなちゃんはマイペースに笑顔を見せ、おもちゃの取り合いでも〝私の!〟と強く主張したり、〝抱っこして〜!〟と甘えたり、自分の気持ちを存分に出している。りんごちゃんは、保育経験がなく、母との別れでは大泣きするが、落ち着くと朝おやつも食べ、庭に出ると砂場でよく遊び、昼ごはんをよく食べた。あんずちゃんは、庭でもマイペースで遊んでいたが、母がいないことに気づき、眠さもあって泣きだす。少し寝ると庭で遊びだしたが、部屋へ入るとまた泣けてしまう。それでも好きな白ごはんは完食できた。そらくんは、食べることが大好きで、入室時に泣いてしまうが、ごはんで気分が変わり、食後はマイペースによく遊んでいた。

1歳すぎといえば、人見知りがうなぎのぼりに強くなってくるころ。はじめて親と離れて、知らない場所に連れてこられた子どもたち。一人ひとりの反応がおもしろい。この世に生まれて、まだ

資料　みつばち組の仲間たち（新入園児・網掛けになっているのが男の子）

こうせい　2月生まれ	かんな　1月生まれ
りんご　2月生まれ	れお　12月生まれ
あんず　1月生まれ	そら　11月生まれ

1年ちょっとだというのに、すでに経験の違いや個性が出る。

わが子は不安と寂しさに包まれて一日中泣いているに違いないと、母親たちは居ても立ってもいられない気持ちで一日を過ごしたことだろう。だが、子どもはたくましい。新しい環境の中でも、遊んで、食べて、寝る。寝る子は育つというが、寝る子は、食べる。食べて遊ぶ。そしてまた寝る。人間のもつ適応力を存分に発揮して育っていく。しかし、それは、安心できる場所があってのこと。だから、大人がまず考えるのは、一人ひとりの子どもが安心できる環境をつくることだ。安心して、遊んで、食べて、眠る、そんな生活をつくること。そのために、まず、子ども一人ひとりを理解しようと考える。理解するために、よく見て、かかわって、いろいろ試す。毎日が試行錯誤のくり返しだ。

ベテラン保育士ならば、ちょっと見ただけで、「なるほど、この子は、○○だから□□すればいいのね」と、山ほどある対応レパートリーの中から適当なものを、自信をもって選びだすことができるかもしれない。しかし、みつばち組の3人の担任は、まだ若い。経験としては、そろそろ中堅と言われるころだが、自信なんてまだまだ。とにかく、情報はできるだけたくさんほしい。親からの情報はとりわけ重要。とはいっても、子どもの姿は家と保育園では違うもの。だから、日々試しながら、子どもを理解し、生活をつくっていく。

4月6日　お部屋が安心できる場所

記…浮島

「まずは生活の拠点となる室内に慣れよう!!」というスタンスで、今日はあんずちゃん、そらくん、こ

園より——今日もポカポカのお天気の中、園庭でたっぷり遊びましたよ！　最初は広い園庭がちょっぴり不安だったようで、抱っこでお砂場へ!!　型ぬきでケーキを作っては次々とこわし、お友だちの分まで手を伸ばしてましたよ！　クラスのお友だちのそらくんと"ボール転がし"もしましたよ。りんごちゃんの所にボールが転がってくるとニッコリキャッチ!!　してました。飛行機が高い所を飛んでいるのを「あー!!」と指してずっと見てましたよ。（東郷）

うせいくんが最初から室内。そうして10時20分からはりんごちゃん、かんなちゃんも入室。やはり予感的中。園庭では砂場から動くことのできない彼らが、室内ではタオルを広げたり、ジャンピングカートレインをしたり、ボールを転がしたり、水道をさわってみたり……自ら動く姿が見られた。保護者面談の際に「外が好きだから……」と話されていて、「外へ行けば落ち着くぞ！」と思っていた私たち。でも、まずは朝登園しておやつを食べ、少しなじんだ空間で過ごすこと。そこから少しずつ「探検してみよう！」という気持ちが芽ばえていくよう、彼らの暮らしを組み立てていきたい。

安心の中で芽ばえる好奇心に冒険心。探検に行くには、安全基地が必要だと確認したみつばち組の大人たちだった。

進級児のゆらぎ

気になりつつも手をかけられない

バオバブ霧が丘保育園2年目の進級児は、月齢の高い順から、のぞみちゃん、みずきちゃん、さつきちゃん、りゅうせいくん、きよみちゃん、あやめちゃん、しおんちゃん、さなえちゃん、ほくとくん、すみれちゃんの総勢10人。男の子2人、女の子8人という圧倒的な女子パワー。みつばち

資料　新入園児りんごちゃんの連絡帳（4月7日）より

家庭より——昨日は園で3時間もお昼寝させてもらいビックリ‼です。まだ通い始めて3日なのに……お外も暖かくなり、お天道様の下、たくさん遊ばせてもらった姿が目に浮かびます。少しの緊張を持ちながらも楽しい時間を過ごし、いい案配で眠くなったんでしょうね。15時のおやつもしっかり食べておりさらにビックリです。お家でもおもちゃのコップを持ち“あー”と言いながら一生懸命飲むマネをしてました。明日もみんなとたくさん遊ばせてやってください。よろしくお願いします。

組の女子力といえば、まず、おしゃべりが大好きだということ。みんな、よくしゃべるし、体を動かすのも大好きだ。そんな中、男の子だって決して小さくなっているわけではない。それぞれの持ち味をだして、存在感がある。

こんな元気で、エネルギーあふれる子どもたちだけれど、新しい環境では、落ち着かない。慣れた場所とはいえ、部屋が変わり、大人の顔ぶれも変わった。そこに新しい子どもたちが入ってきて、今までの大人との関係や安定した生活が大きく変化した。ゆれる進級児たちのことを、大人は気になりつつも十分に手をかけてあげられない歯がゆい日々が続く。

4月6日　進級児たちへのとまどい

記…浮島

一週間前まで、それはそれは手厚くていねいに接していた子どもたちと私。しかし、新入園児の暮らしが本格的にはじまろうとしている今、子どもたち自身にまかせてしまうことが多くなった。それでも食べられるし、持って来られるし……こんなに子どもたちは自分でできることが増えていたのかなと改めて感じる。きっと一年間で土台が築かれていたのだろう。でもまだまだ不安定。ぐらぐらゆれているだろう進級児たちの気持ちはしっかりと受けとめ、彼女たちの気持ちも安定するようかかわっていきたい。

こんな大人の不安をよそに、子どもたちはたくましさを発揮する。大人は、これまで、大人と子どもの1対1の縦の関係を大事に育んできたと思っていたが、いつの間にか、子ども同士の横の関係ができていた。縦糸は、横糸に支えられて、まだ、目は粗いかもしれないが、一枚の布地のよう

資料　みつばち組の仲間たち（進級児・網掛けになっているのが男の子）

すみれ　11月生まれ	あやめ　7月生まれ	みずき　4月生まれ
ほくと　9月生まれ	きよみ　7月生まれ	のぞみ　4月生まれ
さなえ　8月生まれ	りゅうせい　5月生まれ	
しおん　7月生まれ	さつき　5月生まれ	

に広がりを見せてきたのだ。1年間、ともに生活してきた子どもたちのつながりは強い。子どもたちは、いっしょにいて安心できる仲間に支えられるようになってきた。そんな、子どもたちのお昼寝後のエピソード。とにかく、いっしょにいるのが楽しい三人娘だ。

4月8日　子どもだけの世界

記…清水

午睡明け、早めに起きたさつきちゃんが、のぞみちゃんと楽しそうに話している。のぞみちゃんの洋服を指差し、「これは?」「しろ!」、「これは?」「しろ!」とやりとりをしている。そこから2人で手をつないで歩きはじめると、きよみちゃんも「あたしも手をつなぐ!」と手を伸ばして追いかける。大人が「きよみちゃんもつなぎたいって」と声をかけると、のぞみちゃんが「きーちゃん!」と呼び、3人で手をつなぐ。「しーさんみて〜!」とうれしそうに教えるさつきちゃん。勢いがよすぎてふとんに転がると笑い合い、次はわざと転んでみたりと子ども同士の世界を楽しんでいた。

お昼寝明けからいっしょに転んで大笑い。こんなふうに午後の時間がはじまると、気分よく夕方まで過ごせそうだ。お昼寝明けは、ゆったり楽しく過ごしたい。

さつきちゃん——まわりがよく見えているだけに……

そんな大笑いのさつきちゃん。おしゃべりが上手で、まわりがよく見えているし、いろんなことがわかっている。それだけに、環境の変化にも敏感。大人が新入園児の対応に手をとられるなか、楽しく過ごす時間はあるけれど、不安定な様子が大人には気になっていた。

4月14日　さつきちゃんのとまどい　記…浮島

昨年度末から、さつきちゃんが地に足がついていない感じというか、落ち着かないなと感じていた。それがここ最近、とくに顕著にあらわれている。受け入れではそれまで笑顔を見せ入室していたのが一転して涙。壷倉さん（早朝担当）や浮島も拒否。今朝も体を反らせて激しく抵抗。日中も昨日は清水さんを、今日は浮島を求める。表情もとても険しい。1対1でたっぷりと……と思い、さつきちゃんとだけかかわると力が抜けていくのがひしひしと伝わってくる。できるだけこのように気持ちの負担を減らしたいな、と思うのだが、なんせまわりも落ち着かない中、むずかしいのが現状。どうしてほしいのかがわかる分、すぐに受けとめられない自分ももどかしい。それでも「いるからね、大丈夫」というメッセージだけはしっかり彼女に届けていきたい。

子ども一人ひとりに気持ちを傾けるほどに、大人は、体がいくつあっても足りないと感じる。子どもの求めに十分に応じてあげられない切なさ。せめて声かけだけでも、せめて視線だけでもと使えるものはすべて使って子どもとかかわっていきたい。全身で不安をあらわすさつきちゃんを見て、その思いを強くした浮島さんだ。たとえ抱きしめてあげられなくても、気持ちは伝わるものだ。何より、同じ空間で、楽しいという思いを共有すること、それが子どもの心を満たしていく。

4月20日　久しぶりの萱場公園

記…浮島

散歩車3台、12人で散歩へ。しかし、今日はなんとなくみんな落ち着いている。そこで昨年度散歩でよく歩いていたさつきちゃんとあやめちゃんは浮島と手つなぎすることに。タンポポを摘んだり、葉っぱを拾い、カラスや犬に「バイバイ」と手を振る。6人が先に帰園し、残りさつきちゃん、あやめちゃん、きよみちゃん、みずきちゃん、りゅうせいくん、ほくとくんの6人で萱場公園のグランドにおりてみることに。本当に久しぶりに戸外で走りまわることができ、子どもたちの表情もとてもスッキリ。「うきちゃーん！」と呼び「おいでー！」と招くさつきちゃん。室内では、だれかの泣き声にとまどったり、心がざわついたりするだろうが、こうして少人数で鳥の声、花の匂い、花びら、そしてお茶を飲んで過ごす久しぶりのゆったりおだやかな時間。環境が子どもたちに与える影響って本当に大きいのだなと改めて感じさせられた姿だった。こういう時だからこそのんびりできる時間を意識してつくっていきたい。

今日はどんなお散歩になるかな？

心満たされた散歩の翌日。遊んでいてうまくいかず、気持ちが折れてしまったさつきちゃん。ここは、大人の出番となるところだが……。

4月21日　大笑いのさつきちゃん

記…清水

三輪車からおりられずに困って泣いていたさつきちゃん。そこから気分が落ち込み遊びに誘っても冴えない表情だった。そこへやってきたりゅうせいくんに清水がイチゴケーキをつくって食べ、「すっぱ～い！」と言うと、りゅうせいくんも「すっぱ～い！」とオーバーリアクションをする。その姿にさつきちゃんが手をたたいて大笑いする。何度もくり返す姿に指差して笑うほどで、まるで大人が笑っているかのようだった。こんなふうに友だちの姿ややりとりで気分が変わることも多くなるのだろうなと感じ、サラリと気分転換できていいなと思った。

楽しい雰囲気につられて、つい笑ってしまったさつきちゃん。もし、ここに居合わせたのが清水さんではなく浮島さんだったとしたら、かかわってもらえるまで泣き続けていたかもしれない。大人が違うと、子どもの姿も変わる。大人との関係の違いと言ったほうがいいだろうか。いろんな大人がいるからこそ、子どものいろんな姿を見ることができる。

疲れたり、気分がのらなかったり、思い通りにならなくてイヤになってしまったときには、母が恋しくなったり、大好きな大人に来てもらいたくなることもある。でも、園には、そんな気分をふきとばしてくれる楽しい遊びがいっぱいある。ステキな仲間もいる。だから、浮島さん、心配しなくて大丈夫。

5月18日　おくすりごっこ

記…清水

昨夕ホールでさつきちゃんが転んでしまった時にピーポーピーポーと駆け寄りブロックでつくった薬を飲ませると元気になり、大笑い。そのやりとりが楽しかったようで、それから、わざと倒れて泣きマネをしてはあやめちゃんとしおんちゃんに薬を飲ませてもらうというやりとりをくり返していた。部屋に帰ってからも続いた。そして今朝もさつきちゃんは、倒れてエーンとアピール。あやめちゃんは何か

園より――少しの時間でもさつきちゃんと向き合うと意外とすっきりして満足して遊ぶ姿があったりもします。さつきちゃんなりにいろいろと思いもあるんでしょうね。でも忙しいときは“ちょっと待ってて！”となるし、本当に毎日ご苦労さまです。今日は霧が丘公園へ散歩に出かけてきました！　切り株の上に葉っぱのおせんべいを並べて焼いたり、細かくちぎったりして遊びました。丘に登ると急な斜面もお尻をつけずに中腰でゆっくりおりてドキドキを味わうさつきちゃんでした。（後略）（清水）

を探している様子。そこで茶碗にお手玉を入れて渡すとさつきちゃんの元へ行って渡すあやめちゃん。さつきちゃんも元気になる。昨日した遊びを覚えていて今日もまた楽しんでいた2人。楽しい遊び、記憶って残るんだなと思った。楽しいこといっぱいしたいなと2人の笑顔を見ていて思った。

いよいよ、ごっこ遊びが広がっていく気配。イメージがふくらむ子どもたちの姿を見て、大人は、ちょっとしかけてみる。みごとに応じてくれる子どもたち。そして、遊びは縦にも横にも広がっていく。昨日から今日、そして明日へ。1人から2人、そして、みんなに。

かかわりながら、まじりあっていく

心地よい生活の中で

生活をともにし、いっしょに遊び、楽しい時間を共有しながら子どもたちはいっしょに育っていく。新入園児は、どうやら保育園には楽しい時間があるらしいことに気づきはじめたようだ。いっしょにいるのが、なんだか楽しい。同じことをするのは、なんだか楽しい。

資料　進級児さつきちゃんの連絡帳（４月27日）より

家庭より――おはようございます。昨日はさつきの“面倒くさい日”におつきあいくださりありがとうございました。家でもやっぱり抱っこ抱っこ……。「パパでもママでもどっちか私に集中して‼」と言いたいようでした（笑）。「保育園どうだったー？」の問いに、今までは「しーさんがねーしーさんがねー」だけだったのが、最近は「うきちゃんがねー」「そりさんねー」「なっこさんいたねー」といろんな大人の方の名前があがるようになり、お友だちの名前もお家で呼んでます。（後略）

4月5日　あくび

記…清水

昨日、絵本の『あくび』を何度も読んだので、子どもたちも覚えたようで、今日も「読んで～」と持ってくる。読んでいると次々に子どもたちが集まり「わぁ～」とあくびのところで大きな口をあけている。そこでみんなで見ようと、イスに子どもたちを集めると、9人近く集まり、みんなで楽しんだ。新入園児のかんなちゃんも覚えてうれしそうに大きな口をあけてあくびのマネをしている。みんなで一冊の絵本を楽しめる朝のホッとしたいい時間だった。

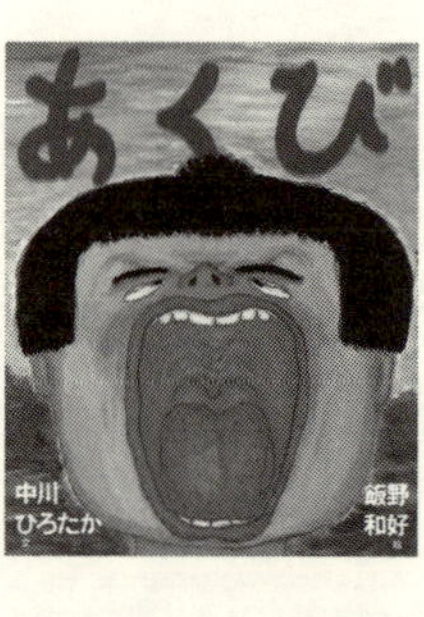

『あくび』
中川ひろたか 文、飯野和好 絵
文溪堂

おもしろいことに子どもは敏感だ。自然に集まり、自然に交わっていく。新入園児もつられて見に行く。そして、いっしょに大きな口をあんぐりあけて、いっしょに笑い合う。みんなの声が聞こえて、みんなの顔が見えておもしろい。言葉がなくても通じ合うことを、子どもはその姿で教えてくれる。

子どもたちは、同じ空間でいっしょに過ごすことで、いつしか意識し合うようになるもの。言葉はなくても、挨拶なんてしなくても、そばにいれば友だちになれる……かもしれない。

4月8日　しおんちゃんとそらくん

記…清水

昼寝から起きてふとんでコロコロしていたしおんちゃんの近くに、先に起きていたそらくんがスリットボックスで遊んでいた。中から丸い板を取りだすと一つずつしおんちゃんにあげるそらくん。それを受け取るしおんちゃん。2人の間には言葉はなかったが、なんとなく思いが通じてやりとりが成立したようだ。ただひたすらに渡すそらくんと、なんのとまどいもなく受け取るしおんちゃんの雰囲気がとてもよかった。子ども同士の遊びの世界があった。

新入園児のそらくん、2年目のしおんちゃんにさりげなくアプローチ。お昼寝明けのゆったりした時間。だれかといっしょに楽しみたくなったそらくん。目が覚めきっていないしおんちゃんのまどろんだ眼の前に、そらくんからの木の円盤のプレゼントが。思わず受け取ってニッコリのしおんちゃん。おしゃべり上手なしおんちゃんも、新人そらくんのさりげなさに心をつかまれたようだ。〝そらくんてやさしい子なんだ〟ってきっと感じただろう。そらくん、なかなかやるね。

ところで、こんなふうに、いっしょにいるのが心地よいと思える生活のなかから、仲間といっしょがいいという気持ちが芽ばえてくるのだろう。何気ないやりとりの中で、新入園児は新しい生活に溶け込んでいく。

遊びながら

新しい環境に慣れていくのも、子ども同士がつながっていくのも、やっぱり遊びが一番。大人が用意周到に準備しなくても子どもは遊びを見つける。水たまりがあれば、それで十分。さあ、泥んこ遊びのはじまりだ。

4月15日　園庭でたっぷりと遊ぼう！

記…浮島

今日も朝から気温が高い。９時30分には園庭へ。池成さんが水をまいていて水たまりから泥んこができていた。すみれちゃん、りゅうせいくん、かんなちゃん、りんごちゃん、みずきちゃん中心にどんどん泥んこに入っていく。とくにすみれちゃんやりゅうせいくんは「昨年これほどまでに楽しんでいたかな？」と思うほど。手で泥水をはねさせてとてもいい表情。手が汚れるのをためらっていたのぞみちゃんも靴を脱ぎ、泥でおだんごをつくっている。泥んこがひと段落すると、５歳児クラスのつばさくんといっしょにアリ探しをするさつきちゃん、しおんちゃん、あやめちゃん。気づけばたっぷり1時間〜1時間半近くもの間遊ぶ子どもたち。興味、関心がどんどん広がり、遊びの幅も広がってきている感じ。昨日の散歩でも感じたが、これからもっともっと探索活動、行動範囲が広がりどんな発見をし、どんな体験が経験へとつながっていくのか楽しみだ。

子どもが自分から遊びたくなるような環境をつくっていくのが、保育の定石。偶然できた水たまりは、意図的につくったものではないけれど、〝楽しいよ、遊んでみよう〟というまなざしを子どもに向けるのは大人の感性。そのまなざしを感じて、子どもは、思う存分楽しむ。そして、ダイナミックに遊ぶ姿は大人に驚きと明日の保育への意欲を生みだしてくれる。

環境づくりをして、子どもが主体的に遊びだすのを待つことが大事。とはいっても、大人は、いろいろしかけてみたくなる。子どもがどんな反応をするのか見てみたい。大人の遊び心が頭をもたげる。

園庭の芝生に水をまく池成政巳さん。副園長の仕事のほか、遅番の保育・施設の補修や整備・畑の世話などなど大活躍。

4月19日　あなたのお名前は？　記…清水

井型ブロックの棒と丸でマイクをつくり「あなたのお名前は？」と聞いた。さつきちゃんとあやめちゃんは照れてニヤリ。みずきちゃんは気分ではないのか後ろを向く。反応がいいのはきよみちゃん。「きよみちゃんです」とうれしそうにマイクに寄って来て答える。りんごちゃんもうれしそうにマイクに近づいてきた。そして意外だったのがそらくん。マイクに向かって「○△×□～」。名前を言っているのかおしゃべりをしているのかわからないが、反応して楽しんでいる姿が印象的だった。

新入園児そらくん――1人の子にもいろんな面がある

さすが、今どきの子ども。マイクを向けられると、話しだす。というか、話しているつもり。控えめで、いつもはマイペースに自分の遊びを楽しんでいるそらくんだが、じつは、みんなの前に出たいという願望を持っていたようだ。大人は、そらくんの新しい面を発見して、それまで抱いていたそらくんのイメージがだんだん変わっていく。

5月9日　みんなでエビカニ！　記…清水

朝外に出る前に「エビカニクス」（ケロポンズ 作）を踊ってみた。りゅうせいくんは苦手なので浮島さんの膝に避難。他の人たちはイヤがることなく参加したり、見学したり興味を示さなかったりとさまざま。「こう？」とフリを確認しながら踊るしおんちゃん。時々「しーっ」と指を口にあてているさつきちゃ

ん（じっくり聴きたいのか、〝私が踊るのよ〟というアピールか）。あやめちゃん、ほくとくん、のぞみちゃんもノリノリ。そして意外なことにそらくんもうれしそうな顔をして参加していた。踊りながら目が合うとみんないい顔をしてほほえんでくれる。垣根も何もない感じ。こうやって踊りで一体感を味わうことで近くなれた気がしたひと時だった。

子どもはダンス好きだと思われがちだが、人それぞれ。慎重派のりゅうせいくんもいれば、無関心な子もいる。それでも、ダンス大好きな子どもは多い。やはり、ノリノリの雰囲気でみんなで体を動かすのは楽しいものだ。

ここでもそらくんは、大人の予想を裏切って、笑顔満面の参加。じっくりと一人遊びもいいけれど、みんなといっしょも楽しい。どっちが好きって決めないでほしい。子どもにとってはどちらも大事な時間なのだ。そして、その後もそらくんは、今は一人遊びをじっくり楽しむ時期だからそばでそっと見守ろうと思っていた大人の見方を次々と覆し、新しい姿を見せてくれる。

記…清水

5月27日　三輪車大好き!!

庭へ出るとすぐに三輪車に乗って遊ぶそらくん。4月のころは友だちの乗っている三輪車を押すのが楽しかったが、今は自分で乗って移動する楽しさに目覚めたようで、庭を探索している。どんなところへ出かけたり何を見ているのだろうと気になって、そらくんの様子を見ることにした。曲がったり、デコボコした土の上では転びやすく、何度転んだかわからないほどだが、すぐに立ち上がってまた挑戦する。ちょうちょ（０歳児クラス）のテラスの外側のへりを小さいアリが行列をつくっていた。それに気づいて「あっ！」と教えてくれたり、大きい子の遊びを観察したりと忙しい。なかなか前進できずにいたので、「よいしょっ!!」と力を入れてやるように説明すると、大人のマネをして体に力を入れるが、足で押すのではなく、ただ体をギュッとかたくするだけ。でもそのやりとりがおもしろかったようで笑い合う。ほんの少し目を離していると、そらくんがいつの間にか砂場で遊んでいた！ そばにいた東郷さんにたずねると「ケーキをあげたらいっしょにやりたくなったみたいです」と言っていた。砂場にも興味はあるんだなと思った。そらくんの好きな遊びをただ１人黙々とじっくりもいいが、大人がいっしょにそらくんの世界に入って楽しんだり遊びに誘うことでまた新たな姿が見られるなと感じた。

三輪車に夢中のそらくん、やっぱり、じっくり型ではあるようだ。乗れるようになってきたうれしさに、果敢に挑戦し、転んでも、何度も起き上がる。こうやって子どもは、できる力をつけていき、自分の力を信じるようになっていくのだなと感じさせてくれる。

大人は、子どもの「自分でできた！」の気持ちを大事にしたいと思うから、むやみに手伝ったりはしない。そのかわり、こうすればいいんだよと見せてみる。その応援の気持ちが、子どもに伝わって力になり、もっと楽しい気持ちにしてくれる。共感してくれる大人の存在は大きい。

しかし、エピソードはここでは終わらなかった。砂場でままごとをするそらくんの姿が目撃される。見守るだけでなく、遊びに誘っていくことも大事だと気づかされた清水さん。もっともっと子どもの新しい姿を見たいと思ったのだった。

いつの間にか乗れるようになっているから不思議。

経験の差

青空の下、春の日差しをいっぱい浴びてお散歩をするのは本当に気持ちがいい。子どもたちはお散歩が大好きだ。今日は、どこにお散歩に行こうかと、大人は思いをめぐらせる。そして今朝は、思いきって新入園児にははじめての公園に行くことにした。子どもたちのどんな様子が見られるだろう。

5月2日　霧が丘公園の斜面のぼり

記…浮島

新入園児がこの場所におり立つのははじめてだ。子どもから見るとかなりの傾斜がついている。そこにいとも簡単にのぼっていく進級児たち。おりるのは危なっかしいさなえちゃんやきよみちゃんもいるが、のぼりは後ろにひっぱられることなく体を前のめりにさせ安定してのぼっている。一方、新入園児のこうせいくん、そらくん。斜面におり立ちのぼろうとした瞬間、体を後ろにひっぱられてしまい、後ろへ転びそうになった。しかし、普段ならそこで泣いてしまうだろうこうせいくんも泣かずに再び立ち上がりのぼろうとする。途中バランスを崩しながらも、それでも上を目指す。そらくんは体の使い方（体重のかけ方）がわかったのか、何度も何度も、のぼったり、おりたりをいい表情でくり返す。進級児たちの今日の姿も昨年度からの経験があってこそのもの。経験がつながるとはこういうことをいうのだなと思ったと同時に、新入園児たちにもこれから少しずついろいろなことを体験してもらいたいなと感じた。

一度体で覚えたことは、忘れないものだ。0歳児のときに経験した子どもたちには、斜面のぼりはお手のもの、体の使い方が様になっている。しかし、はじめての子どもには、斜面のぼりは、大きなチャレンジだ。転びながらも、必死に斜面にくらいつく。〝そこに山があるから〟と、のぼりたくなるのは、1歳児も同じ。のぼったときの喜びが体の動きとともに子どもの中に刻み込まれるのだろう。次回の斜面のぼりでは、子どもたちはどんな姿を見せてくれるだろう。

ほどよい勾配と距離。

帰ってからどうするか——大人の動きも試行錯誤

さて、散歩に行くのは楽しいが、園に戻ってからが忙しい。保育のスムーズな流れをつくるのはなかなか悩ましいもの。日々試行錯誤の連続だ。子どもの数が増え、一人ひとりの意欲と行動力は一気にパワーアップした。そんな日々変わっていく子どもの要求に応えながらの保育づくりは悩ましい反面、大人のやりがいにもなっている。ごちゃごちゃ、ぐちゃぐちゃも、それはそれでおもしろい。

5月20日　公園から帰って入室まで

記…反町

いつもは公園から先に帰るチームと、残ってたっぷり遊んでくるチームにわかれて時間差をつけていた。そうすると食事が清水さんチームが多くなるので、今日は東郷さんに5人見てもらい、5：5：5で食事をすることにした。そこで公園から全員で帰り、沐浴や園庭で過ごすことで時間差をつけることにした。実際は全員靴を脱ぐ、洋服を脱ぐのが重なり、ベビーバスの用意にも手間取りあわただしかった。ちょっとずつ送ってもらい、5人、5人の10人で食事、少し時間をおいて5人での食事となった。食事の時間が少し後ろにおしたこともあり、いつものように食後のひと遊びのごちゃごちゃした時間が減った点ではよかった。食事を考えるといっせいに帰ってきてよかったが、入室を考えるといっせいはあわただしい。もう少し整理していこうと思う。でも日々試行錯誤できるのはいいなと思う。

ふり返りが大事、まずは、課題を整理して明日へ向かおう。試行錯誤を楽しむポジティブ思考が明日へのエネルギーを生む。

コラム①　あとからふり返って気づくこと

ここは、保育園にほど近い小さな喫茶室の片隅。何やら楽しげな話し声が聞こえる。ときおり、笑い声が響き、かなり盛り上がっている様子だ。このグループの構成メンバーは、清水さん、反町さん、浮島さん、園長、そして筆者(芦澤)。みつばち組の担当をしてから3年後の今、この本づくりのプロセスで、自分たちが書きつづったエピソードを読み返しながら語り合った。時間をおいてふり返ったからこそ気づくこともあったりして話はつきない。そのおしゃべりの一部を季節の区切り目ごとに設けたコラム欄で少しずつ紹介したい。

浮島「4、5月ごろは、もうお休み（育休）を取るのがわかってたし、本当に7月までっていう限界がわかっているので、子どもたちに、私のできる保育のすべてをしようと思ってたの。もうすべてをささげようって。だから、ずいぶん肩に力が入ってた」

育休中の浮島さんの口から当時の思いがあふれ出る。

浮島「0歳の最初からかかわっていた子どもたちだったから、大丈夫かなって、心配で心配でしょうがない。子離れできないおかあさんみたいだった。でもね、そのあとの、反町さんと清水さんの子どもとのかかわりがわかって、もっと頼ってよかったんだなって、エピソードを読んではじめてわかった。もっと頼れば、私もっと楽だったなって。当時は、体の自由が利かないのに、がむしゃらにやろうとしていたから、家に帰ったら動けなくて、そのまま気づいたら朝とか。そのままの格好で朝になっちゃってたの。もっと頼ればよかったな」

当時の浮島さんの思いをはじめて知った担任たちだった。ああ、だから、あんなにも一人ひとりの子どもに時間をかけて、ていねいにかかわっていたのだと納得した。

彼女たちのほうは、浮島さんの体を気遣い、できるだけ、動く仕事は、自分たちが引き受けようと思って分担を工夫していた。新入園児が入り、新しいクラスづくりがある。しかも、みつばち組の子どもたちは、とびきりエネルギーのある子どもたちだ。

反町「毎日、昼に今日1日をふり返って、じゃあ、こうしようかって話し合ってたよね。夕方とかも、分けようって言って、子どもと大人の組み合わせを考えてた」

清水　「部屋とホールに分けましょうって。おだやかな子たちとか、遊べる子たちはうきさん（浮島さん）といっしょに部屋で遊んで、私は、ホールで発散してきますとか、ちょっと庭に出てきますみたいに。でも、ちょっとどころか、最後の最後まで園庭に残って遊んで、５時すぎまでは外にいた気がする。５時半くらいにお迎えのラッシュがあるので、それまでは外にいたほうが安全だよねって」

一同そうそうとうなずきながら笑い声が響く。なぜ、安全かというと、それは、かみつき防止。狭い場所だと、あっという間で、止める暇もない。

反町　「廊下もみつばち組の部屋みたいなものだったし、そのときのてんとう組（２歳児）も自分のクラスみたいに使わせてもらってた。なつこさん（２歳児担任）には、ずいぶん助けてもらったねえ」
清水　「とにかく毎日かみつきがあったから。毎日会議で報告してましたよね」
反町　「そうそう、今日こそはって思うのだけれどね」
清水　「毎朝まっさらな気持ちでがんばるんだけど……」
反町　「あーあって、あのがっかり感ね」

なぜか、この話になると、話がさらに盛り上がる。苦しい思い出というより、今では、みんなで全力で乗り切った楽しい思い出になっている。なつかしい子どもたちの姿を思い出しながら浮島さんは、復帰への期待をふくらませたようだ。

そして忘れてはならないのは、保育士たちがこんなに「かみつき」のことを笑顔で語れるのは保護者の理解があったから、ということ。

「ほんとにかみつきが多くて、同じ子がかまれたりするんですけど、クレームにはならなかったんです。お母さん同士が仲がよくて、ママ会なんかもあって、お互いに連絡を取り合ってくれてトラブルにはならなかった。話しやすくて、フレンドリーな方たちで、普段からいろんなことを話してくださいました。すごくありがたかったですね」とふり返る保育士たち。保護者の支えは大きい。

夏 6月〜8月

世界を広げる子どもたち

安定した生活づくり

試行錯誤の毎日のなかで、新しい生活もだいぶ軌道に乗ってきた。子どもは、新しい環境のなかで、自分のペースで過ごせるようになり、その子らしさがよく見えてきた。そんなかで、子ども同士のかかわりも目に見えて増えてきた。

いつもの園庭でゆったりじっくり

これまで大人は、子どもたちのエネルギーを発散させたい、探索意欲を満たしたいという思いで、新しい遊びを提供したり、お天気のいい日は、いろいろなところに散歩に出かける毎日だった。しかし、何も新しいことが必ずしもよいわけではない。大人もちょっとゆっくりしたいし、子どもだって同じかもしれない。今日はゆっくり園庭遊び。いつもの場所をじっくり探索してみると……。

6月7日　久しぶりの園庭で

記…浮島

散歩に出かける日々が続いていたので、今日はのんびりと園庭にて過ごすことにした。れおくんが三輪車に乗りたいのに乗れなくて、あいていても涙でまわりが見えず他の人に乗られてしまう……というくやしい思いをすることもあった。いつもは強気なれおくんの意外な一面!?　小クワガタやアゲハチョウとの出会いもあった。小クワガタはかんなちゃんがなんのためらいもなくつまむ姿にびっくり。きよみちゃんはバケツでつかまえようと……ほくとくんもつまむことに挑戦。とてもたくましく強くなったなと感じられる姿。そしてその姿を見てすみれちゃんも挑戦。一方、チョウのほうはきよみちゃん、のぞみちゃん、しおんちゃんが追いかける。虫網を用意した時には去って行ってしまっていて残念だった。散歩は散歩での発見やおもしろさがあるが、こうして園庭でもじっくりのんびりと過ごすとたくさんの楽しさがつまっている。そらくんが三輪車にとても慣れ、あっちこっちへ大胆にぶつかりながら運転する姿もこれまたおもしろい。いろいろなところでいろいろな楽しさをたくさん見つけていってもらいたい。私たちもアンテナを広くはって子どもたちに提供していきたいなと思う。

園庭では、時間を気にせず、子どもも大人もゆったりのんびり過ごせる。しかし、そう思ってい

小さな生き物にも出会える変化に富んだ園庭環境。

るのは、大人だけかもしれない。子どもの視線の先には、魅力的なものがいっぱい。小さな生き物たちとの出会いは、子どもの好奇心を刺激する。大人が気づかない、小さな生き物たちとのかかわりは、子どもそれぞれでおもしろい。

この数日後には、こうせいくんと虫との出会いをとらえたエピソードも書きとめられていた。年を重ねるごとに無類の虫好きになっていくこうせいくん。早くもその片鱗が見られる。

6月10日 ミミズに大興奮

記…反町

先日ミミズを見つけてさわったり、眺めたり、こわがったりしていた子どもたち。今日も見つけたのでタライに入れて「ミミズだよ」と子どもたちに見せに行った。さわれないけれど、見たいし、自分のものにしたくてタライを手放さないこうせいくん。私が他の子どもにも見せたくて、「タライをちょうだい」とタライに手をかけると、〝ボクの〜もってかないで〟とばかりに大泣きとなるほどだった。かんなちゃん、すみれちゃんはなんのためらいもなくつかんで、ひっぱっている。あやめちゃんは「こわい」とあとずさり。虫が平気な人、苦手な人がいて不思議だなと思う。これからもいろいろな虫に出会うと思うので、いっしょに観察して虫にも親しんでいけるといいなと思う。

その後、1年ほどして、こうせいくんは、みごとに素手でミミズをつかまえられるようになる。そして、保育園のだれもが認める虫博士へと変貌していくのだ。

食事は楽しく

さて、いっぱい遊んだあとは、お楽しみの給食の時間。食事の風景も日が経つごとに変わってきた。食事は、みつばち組の保育の中心になるくらい大事な時間だ。だから、大人は、食べられるもののレパートリーを増やしてもらいたいとつい力が入ってしまう。しかし、大人が、ひとえにがんばらなくても、子ども同士、まわりの姿に何か感じて苦手なものに手を伸ばすこともある。それは、楽しい雰囲気があるからこそだ。だから、食卓は楽しいものにしたい。

6月14日　すごーい！

記…清水

お昼ごはんにさつきちゃんが上手にスプーンですくって大きな口をあけて食べる姿を見て、のぞみちゃんが思わず「すごーい！」と声を出す。それから、みんなですごいねと話していると、全部食べてお皿がからっぽになったのぞみちゃんが、「ピカピカよ！」とアピール。その姿に今度はさつきちゃんが「すごーい！」と言っていた。そんなやりとりを聞いていた、ほくとくん、きよみちゃんも野菜に手を伸ばして食べ、得意顔になっていた。少しずつ余裕が出てきた食卓では、ごはんのメニューの話や「おいしいね！」と子ども同士が言い合ったり、楽しい食卓になっている。楽しい雰囲気の中で食事をすると、子どもたちはゆったり食べられてとてもいいなと感じた。

アピールする子どもの姿に、素直に感心するまわりの子どもたち。「ねえ、見て見て！」「すごいね！」と、認め合う姿は麗しく、刺激し合う姿がおもしろい。しかし、毎日こんなふうにうまくいくわけではない。とくに、自己主張が出はじめた子どもたち。好き嫌いがあって当然だし、自分の好きなものだけを食べたい気持ちはよくわかる。しかし、なんでも、好き嫌いなく食べられるようになってほしいのが、親心ならぬ保育士心。

8月23日 すみれちゃんと食事

記…清水

主張をするようになったすみれちゃん。とくに食事の時は好きな物（ごはん、肉）を何度もおかわりしたいとアピールする。大人は他の物も食べてほしいので、「たくさんおかわりしたからスープも飲んでみたら？」と言うと「あー」と泣き声をあげてイヤだとアピールするので、ごはんをあげる。さすがに3杯食べたのでその後は「もうないよ」と言うと納得したようだった。その後は、たっぷり食べたこともあり、自分からスープを飲む姿があった。無理にすすめなくても飲む姿を見て、満足したら他の物も口にしてみようと思うんだなと思った。必要以上には声はかけないが、満足したあとに口にしてみようかなと思えるような働きかけを積み重ねていきたい。

他のおかずが残っているのに、3杯目のごはんを黙ってあげるのは、さすがにがまんと勇気がいることだろう。子どもの思い通りにしてよいのか、それは、子どものためになるだろうかなんて考えてしまうもの。でも、それは、ひょっとしたら、子どもの言いなりになってたまるかっていう大人のプライドかもしれない。まずは、子どもの気持ちになってみることだ。満足すれば、チャレン

自分で決めて自分で食べる。

ジする気持ちが生まれる。大事なのは、子どもが食べようと思うこと、そして、大人のゆとり。

お昼寝も楽しく心地よく

〝お昼寝のときは、静かにしましょう〟というのが保育園の常識だ。けれど、みつばち組のお昼寝タイムには、今日も楽しげなおしゃべりの声が聞こえてくる。

7月27日　みずきちゃんと睡眠　記…清水

毎日寝るのが13時近くのみずきちゃん。「○○さんトントンしてよ!」とその日によって大人を選んでいる。たまに寝たくなかったり、みんなが寝てしまった雰囲気に不安になるのか「ママ……」と寂しさをアピールする。おしゃべりしているとふっと気分も変わるみずきちゃんに、いろいろと話しておしゃべりを楽しむ。自分のふとんの絵柄の月の絵を見て「すべり台みたいだね」とつぶやく。「本当だね。お外行ったらやろうか」と話していると「タイヤがあるから……」と階段にタイヤがあるとできないことも話してくれた。そうやって話しているうちにウトウトして入眠してしまった。0歳の時から入眠前に不安になるときがたまにある。おしゃべりを楽しみながら寝る時間もいいなと思い、大切にしたい。

午後の遊びを期待しながら心地よく眠りに入るみずきちゃんは、きっと、ステキな夢を見ているだろう。

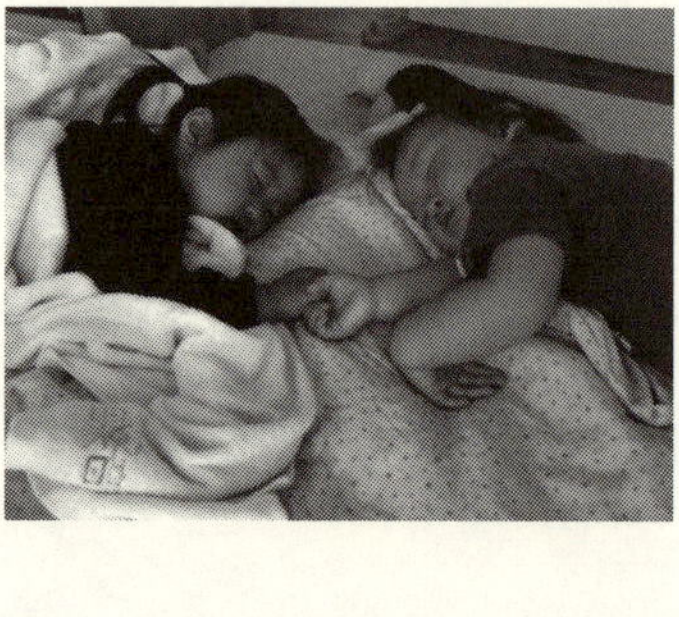

楽しい気持ちのまま入眠、の幸せ。

朝の受け入れは涙をふいて

朝の母との別れはつらいもの。涙が止まらない子はたくさんいる。

6月16日　廊下で体を動かす!!

記…清水

朝の受け入れで泣けてしまうさなえちゃんだが、昨日はシーツ交換で母と廊下に出ていて、そのまま廊下で遊ぶという流れだと本人も楽しそうに遊んでいた。そこで、今日も部屋に出していたブロックを「片づけるのを手伝って」とお願いしてみた。はじめは「ママも〜!」といっしょに持ってとアピールしていたが、さつきちゃんとりゅうせいくんが手伝う姿にやる気になり、母とすんなり別れた。そのまま3人と清水で廊下で遊ぶことにする。朝は遊びがつまらなくなると手が出やすいさつきちゃんとりゅうせいくんというメンバーだったこともあり、清水がついた。とてもご機嫌なさなえちゃんは、廊下の端から端まで手足を左右に動かして踊りながら行ったり来たりしている。それを清水がマネすると2人も参加。「じゃあ次はぞうさん!」と提案すると足を力強く動かしたり、「アリさん」では体を小さくしたり、子どもたちなりに考えて体を動かしていた。3人それぞれがとてもいい表情でたっぷり楽しんでいた。朝は大人も少ないし、落ち着かない時間が多いので、少人数に分けて朝のイライラや母との別れで切ない気持ちがやわらぐといいなと思う。

母から保育士へのバトンタッチ。母の急ぐ気持ちは、子どもの離れたくない気持ちを一層強くする。大人はその気持ちを受けとめながら、子どもの気持ちが切り替わっていくようにあれやこれやと試してみる。どれだけ楽しい雰囲気をつくれるか、興味のある遊びに気持ちが向くような環境づくりができるかが勝負。そのためには、大人の声かけだけでは、なかなかむずかしい。まわりの子どもの力も借りながら環境をつくっていく。

7月20日　お立ち台で大盛り上がり

記…清水

このごろ、さつきちゃんを中心に子どもたちだけで手遊びをはじめる姿があり、今朝はたまたま牛乳パックを並べてつくった足台を見つけたさつきちゃんが上に立ち「手をたたきましょ～♪」と歌っていた。のぞみちゃんもやりたそうにしていたので、お立ち台を次々出すと子どもたちが集まってきて参加する。そこで、大人がリードして「手をたたきましょ～♪」とすると、もう1回のリクエスト。何度も歌って、次は「はだかんぼになると」(中川ひろたか 作詞・作曲)「むすんでひらいて」「かえるのうた」を何度も楽しんだ。朝はいつもかみつきがないかドキドキしていたので、今日みたいに思いっきり楽しんで遊べたのは貴重な時間。イライラする気にもならないぐらい遊びを楽しんでいけたらいいなと思った。

声を出したり、体を動かすと気持ちが外に向いて元気になる。発散するという言い方もあるかもしれない。ぶつかり合うのは子ども同士の関係が密になってきた証拠。気持ちの向く方向が少し変わると、楽しい時間に早変わり。

気持ちを出し合うことが大事

それぞれの思いをしっかりと持ちはじめた子どもたち。ぶつかり合いは日常茶飯事。どちらが悪いということはなく、どちらも正しい。自分が正義だ。その思いは、シンプルでわかりやすいが、気持ちの出し方にはその子らしさが出てくる。まずは、気持ちを出すことを大事にしたいと大人は考えている。

ぶつかることに意味がある

6月3日　それぞれの思い

記…浮島

さつきちゃんとあやめちゃんが木の型ハメで遊んでいた。2人ともその型ハメのそばを少し離れた間にみずきちゃんが登園。目に入った型ハメで遊びはじめた。その姿に気づいたさつきちゃん。型ハメのピースを持って行こうとする。「あー!!」と泣いて訴えるみずきちゃん。「なんで私のおもちゃを持って行くの?」だろう。しかし、さつきちゃんにしたら「だって今まで私とあやめちゃんが使っていたんだよ!」という感じ。

そこへあやめちゃんがやってきて「さつきちゃん? みずきちゃんエーン……ね。○×△◇……ね?」とさつきちゃんに何か話しかけている。さつきちゃんはますます複雑そうな表情。みずきちゃんにそれまでの話をしても、今はそんなことは耳に入らないという感じ。結局あやめちゃんとさつきちゃんがふっと気持ちを切り替えて、みずきちゃんがそのおもちゃで遊ぶことで落ち着いた。大人も間に入ろうとしたその前にあやめちゃんが間に入っていた姿、さつきちゃんの複雑そうな姿、みずきちゃんの何も言えなくなってしまう姿……。三者三様の姿だった。

しかしこんなドラマチックなことが1歳児クラスで起きていることに改めて驚き、スッキリ解決とはいかないが、それでもお互いがお互いの気持ちを出し合い、少しずつ人の気持ちも知っていくのだろうな、こういうこともたくさん経験してもらいたいと思った。

1歳児と言えども、一人ひとりの確固とした思いがあり、その子なりの感じ方、表現の仕方があるのだということを実感する場面に出会って、驚き、感動する大人。ぶつかり合いは解決することが大事なのではなく、ぶつかり合い自体に意味があるのだと感じた瞬間だ。こうして、ぶつかり合い、それを大人だけでなく子ども同士が受けとめ合ってつながっていく。

急いで大人が解決しなくても

大人が間に入ってお互いの気持ちを言葉にしていくことで、子どもの気持ちが落ち着いていき、相手を受け入れていくというのは、保育の定番の流れだろう。しかし、ぶつかり合いは、大人が入れば解決するかというと必ずしもそうではない。これは、保育士ならみんな経験済みのことだろう。どうやってもダメなときはダメ。そんなとき、子どもマジックが生まれる。それが、集団のおもしろさだ。

6月6日　まわりの姿が見えているきよみちゃん

記…清水

あやめちゃんがバッグを腕にかけて遊んでいると、さつきちゃんが「さつきちゃんのー！」とバッグが欲しいとアピール。その姿に余裕がなくなり〝イヤー！〟と怒って〝私の〟とアピールするあやめちゃん。すぐ近くにバッグが落ちていたので、「ここにもあるよ〜！」と大人が渡すが、2人にはまったく届かない。そこへさっとやってきたきよみちゃんがバッグを拾う。どうするのかな？　使うのかな？と見ているとさつきちゃんのところへ行ってバッグを渡してあげていた。きよみちゃんのやさしい姿に2人もふっと落ち着いた。大人だけが橋渡しするのではなく、子どもが間に入るやりとりもできるんだなとうれしく思った。

お助けマン（ガール？）きよみちゃんの登場。きよみちゃんの冷静な状況判断には頭が下がる。こんなふうに、子どものかかわりが空気を変えることがある。だから、解決しようと、大人がひとえにがんばるのではなく、子どもの力を借りる余裕を持つことは大事なことだ。急がず、あせらず、ちょっと見守っていると、おもしろい展開が待っている。

7月19日　大丈夫？

記…清水

遊びの中で自分の思い通りにならず泣けてしまったみずきちゃん。「ママがいいー!」とドアへ向かう姿に気づいたさつきちゃんが「みずきちゃんどうしたの?」と心配して声をかける。「ママー、ママー!!」と泣くみずきちゃんに「ママがいいの？　そっか」と大人が声をかけるように話している。清水が「みずきちゃんどうしたの?」と聞いてみると「ママにだっこしてほしいのよー」とさつきちゃんが教えてくれた。そんなやりとりを聞いていたみずきちゃんは気持ちが落ち着いてきた。大人が普段子どもたちに声をかけるところをよく見て聞いているのだなと思い、日々の積み重ねが伝わっていたんだなとうれしく思った場面だった。

自分の気持ちがわかってもらえて、落ち着いたみずきちゃん。代弁するのは大人の役割と思われるけれど、1歳児だって他の子の気持ちになることができる。悲しい気持ちを大人に受けとめてもらった記憶は、子どもの中に確実に蓄積して、他の子どもにも伝わっていくのだ。そのことを教えてくれるエピソードはこのあともたびたび登場する。

ともあれ、子どもは、大人の行動も言葉もよく見て聞いている。マネっこが大好きになってきた子どもたちだ。大人のことは、よきにつれ悪しきにつれマネてくれる。だから、子どもの言葉や行動は、大人の鏡。うれしいような、こわいような。

何かやってあげたい。

嵐の前の静けさ

さて、ここまでは、本当に1歳児クラスのエピソードなの？　と驚くばかりの月齢の高い女の子たちのエピソード。言葉でのやりとりや他の子どもの気持ちを代弁するなど、大人顔負けの子どもたちだ。

一方、月齢の低い子どもたちに、自己主張の嵐が訪れるのは、もう少しあとのこと。まわりの子どもを少しずつ意識しながら、マイペースに過ごしている。そんなおだやかな時間の流れのなかで、だんだん、自分の思いを育んでいくのだろう。

6月20日　あんずちゃんとりんごちゃん　記…清水

月齢の近いあんずちゃんとりんごちゃんは、遊びの場面でもいっしょにいることが多く、お互いがなんとなく気になる存在のようだ。今日も散歩先で、あんずちゃんが丘のぼりをはじめるとりんごちゃんも歩行が安定してきたこともあり、自分から歩いてのぼっていく。途中尻もちをつくが、また立ち上がってのぼり、おりるときもお尻をついてすべってきていた。あんずちゃんもりんごちゃんが気になるようで「かわいい～！」とほっぺに手をあててさわって2人で笑い合ったりしてなんともほほえましい姿だった。低月齢同士で言葉はないが、仕草や目が合うなどのコミュニケーションで、友だちとのやりとりを楽しんでいるんだなと感じた。

手が出る、口が出るで気が抜けない毎日の中には、じつはこんな、ゆったりほのぼのした子ども同士のやりとりもあふれている。大人は、月齢差が大きい子どもたちと過ごす長い保育時間の中で、こんなほほえましい瞬間を心に刻んで、気持ちを和らげる。

水を満喫する夏

プール遊びを楽しく

夏と言えば、やっぱりプール。プール開きに合わせて、お湯をはったベビーバスで水遊びに慣れてきた子どもたち。いよいよ大きなプールに入る日。大きなプールと言っても、子どもの膝ぐらいまで水が入った長さ5メートル幅3メートルくらいの手作りプール。それでもみつばち組の子どもたちにとっては大きなチャレンジだ。

6月24日　プール開きの子どもたち　　記…浮島

水着を紹介した時から一人ひとりがにんまりしていて、「お、これは楽しめそうだぞ」と大人は思った。少し砂場で遊んだり、プールサイドの幼児の姿を見たりしたあと、いざプールへ。いっしょにプールに入っている2歳児の姿に少し圧倒されつつも、すみれちゃん、れおくんは水の中へ。りんごちゃんも東郷さんといっしょに少しずつ体をプールに入れていく。そこへ昨年度水が苦手だったほくとくんもやって来て、自ら水に入り笑顔。進級児はとうもろこし、スイカ、お茶でお腹を満たしてからプールへ。りゅうせいくんはやはり雰囲気に圧倒されたようで涙になりおしまいだが、他の人たちは「去年はタライだったのにな……」となつかしくなるほど水の中で生きいきと遊んでいた。あんずちゃんは表情はかたいがそれでも自分から手づくりシャワーに近づいたり、おもちゃを手にしたりしていた。1年の成長ってすごいな……と改めて感じる。りゅうせいくんには水の楽しさを知ってもらいたいなと思う。そうして、この夏、また少したくましく成長する姿が楽しみだ。

子どもの反応は、それぞれ。最初は恐る恐る足を踏み入れていた子どもたちも、徐々に水の楽しさのとりこになっていく。楽しみ方、慣れていくスピードにも子どもの個性が出る。りゅうせいくんのように、新しいことに、一歩ずつ時間をかけてチャレンジしていく子もいれば、一気に飛び込んでいく子もいる。プールが大好きなすみれちゃんがそうだ。すみれちゃんの楽しそうな姿につられて、ワニに変身していく子どもたち。

7月1日　バタバタ!!——プール大好きすみれちゃん

記…清水

プールがはじまってから、だれよりも早くプールに入って楽しむすみれちゃん。ワニ泳ぎが得意でプールのふちにつかまってワニ泳ぎをアピールする。それにつられてしおんちゃん、のぞみちゃんもやってみる。「じゃあバタバタ〜って足動かせる?」と聞いていると、てんとう（2歳児）の子たちが、

できるよ！　と次々にやってきて4、5人が横に並んで披露してくれる。その姿を見て、みつばちの3人も負けずに足をバタバタとして得意気だった。その後しばらくしてからさつきちゃんに「すみれちゃんバタバタってできるんだよ！」と話すと、すぐにうつ伏せになって自分もバタ足を披露してくれた。プールでのキラッといい表情のすみれちゃんがとても印象的だった。

さて、年上のおにいさん、おねえさんたちも巻き込んでダイナミックに遊ぶ子どものかたわらで、マイペースに遊ぶあんずちゃんの姿。お洗濯も楽しい水遊びだ。

7月13日　お洗濯!?　記…清水

プールよりベビーバスに入るのが好きなあんずちゃん。友だちといっしょに入ったり、1人でのんびり満喫したりとても楽しそう。しばらくして様子を見ると、足ふきマットをベビーバスに入れてぎゅうぎゅう押してまるで洗濯しているかのよう。それを見つけた他の職員も「あら、お洗濯なの!?」と声をかけてくれて本人もたっぷり楽しんでいた。すると今度はプール用マットを1人で持ってひっくり返すことを何度もする。大人と目が合うとニヤ～と笑ってとてもいい表情。たっぷり好きなことを楽しんだ笑顔がとても印象的だった。

プールは泳ぐものという既成概念はこの際捨てよう。遊び方、楽しみ方は自由だ。足ふきマットをベビーバスに入れて遊ぶのもよし。あんずちゃんの〝つもり〟はなんだったかわからないけれど、大人が、お洗濯してるのねって意味づけしてくれて、認めてもらったあんずちゃんは大満足。

りゅうせいくんの成長

はじめてのことになかなか一歩が踏みだせない慎重派のりゅうせいくん。やっとの思いで入ったプールだったが、ひと夏で大成長を遂げる。

6月28日　2回目のプール

記…反町

プール開き後の初プール。プール開きでは大泣きでプールの近くにいるのもダメだったりゅうせいくん。今日は〝入るのは絶対にイヤだ〟とアピールするが、泣かずにプールサイドにいてペットボトルにプール内のお湯をくんで遊んでいた。ペットボトルから手が離れてプール中央まで流されると「とれないよー！」と大人に訴え取ってもらう。てんとうさん（2歳児）が来ると、そのパワーに圧倒され、かたまっているが、しばらくしたらまたペットボトルで遊びはじめた。そしてなんとプールに入ることができたのだ！　清水さんと手をつないでシャワーの下をくぐり頭をゴシゴシした。つないだ手はプルプルしていたそうだが、前回の大泣きの姿を思うとかなりの進歩に感激！　ちょっとずついろいろなハードルを乗り越えていく姿を応援したい。

第一歩を踏みだしたりゅうせいくん。さて、水遊びを楽しめるようになったかな。

8月15日　プール満喫!!

記…清水

1、2歳の登園が全部で6名。2歳は幼児プールへ遊びにいったので乳児プールは1歳の3名のみ。シャワーを少し冷たくしてそこをくぐるたびに「つめたーい！」と盛り上がるりゅうせいくん、さつきちゃん、しおんちゃん。今度はみんなで列車のようにつながってくぐったり、大人の足の間をくぐる。ワニ泳ぎでシャワーをくぐったりして、とにかく体をたっぷり使った。仰向けに寝転がって大人が両手を引いて背泳ぎをしたり、プールが苦手なりゅうせいくんも自分から寝転がったりして、とてもよい表情だった。大人ともじっくりかかわることができてとてもいい時間だったと感じる。

プールをたった3人で独占できるお盆休みのスペシャルタイム。このゆったり感もよかったのだろう。りゅうせいくんの遊び方も一気にダイナミックになった。ゆったりと安心できる環境が、りゅうせいくんの気持ちを解放し、本来の力を発揮させてくれたようだ。水遊びの楽しさを満喫したりゅうせいくん、来年のプール遊びが楽しみだ。

刻々と変わる子どもたちの関係

毎日変化していく子どもたち。子ども自身も、子ども同士の関係も日々変化していく。大人は、そんな子どもたちの姿を見守りながらも、学ぶことが多い毎日だ。

まわりが気になりはじめる

クラスのなかでもこうせいくんについで、月齢が低い新入園児のりんごちゃん。おっとりと一人遊びをしていることが多く、まだ、まわりにはそれほど強い関心がないのかと思いきや、じつはよく見ていて、月齢が高い子へのあこがれを抱いていたようだ。マネをするその姿から、大人は子どもの成長に気づく。

8月8日　マネしてみたの

記…反町

食事中さなえちゃんがスプーンを落として拾おうとしていた。するとそれまで食べていたりんごちゃんが突然スプーンを捨てて立ち上がった。エッと思っているとスプーンを拾ってニッコリ。どうやらさなえちゃんのマネがしたくなった様子。マイペースに食べているのだなと思いきや、まわりのこともチェックしていて、私もやってみようかしらなんて思っていたのだなと驚いた。そしてりんごちゃんのイタズラ心にも驚かされ、おもしろかった。

この気づきから、りんごちゃんの成長が一気に目に見えてきた。自己主張もいよいよ開花か。

はい、どうぞ。

8月26日　りんごちゃん

記…丹

月齢の低いりんごちゃん。静かに一人遊びをして部屋の隅の方で遊んでいたりしていることが多かったように思えたが、自己主張がずいぶん出てきて、一語文でハッキリお話ししてきて、なんでもわかっている。自分の欲しい遊具を見つけるともう夢中で取りに行き、まわりに並べておしゃべりをしたり、絵本を広げてみたりしていて、食べ物が描いてあると、大人や近くにいたすみれちゃんに食べさせてあげたりしている。まわりも意識しながら上手にかかわっていて、かわいく成長を感じた。

言葉はなくてもコミュニケーション

プールでは、一番先に入って体全体で楽しむ姿を見せていたすみれちゃんだが、普段は、1人で遊んでいることが多く、進級児のなかで月齢が一番低いこともあって、月齢の高いおしゃべり上手な女の子たちとのかかわり合いは少なかった。大人は、一人遊びをじっくりと楽しむ時期なのだと思って、見守っていた。

しかし、そんな大人の思い込みをよそに、子ども同士の世界はダイナミックに動いている。大人の知らないところで、子どもはいろいろな出会いをし、かかわり合いが生まれている。大人は、思いがけない場面に出会って、そのことに気づかされる。大人が入らなくても、言葉がなくても、子どもたちはいつの間にか意識し合ってかかわり合っている。

8月2日　すみれちゃんとしおんちゃん　記…清水

流木の近くにあるのぼり棒のところで、すみれちゃんが1人座り込んで、遊んでいた。そばにいたしおんちゃんが気づいて2人で笑い合っている。しおんちゃんがのぼり棒をまわって反対側から「ばあ！」と顔を出してみたり、言葉はないが仕草や視線を合わせてコミュニケーションを取ってやりとりをしている姿がとてもほほえましく印象的だった。一人遊びや大人とのやりとりが多かったすみれちゃんだが、友だちの存在を意識してやりとりが成立してきているなと感じる。

お隣同士目が合えば会話が生まれる。会話は言葉とはかぎらない。気持ちを通わすのに必ずしも言葉はいらない。いっしょにいる心地よさを経験しながら、子どもたちがつながっていくのを、大人は、そっと見守りたい。

助けてうれしい、助けられてうれしい

日々のくり返しのなかで、自分でできることが増えてきて、自信に満ち満ちてきた子どもたち。大人になった気分で、友だちのお手伝いをしたくなる。着替えの場面では、友だちを手伝ったり、助けたりする姿があちらこちらで見られる。

8月16日　ズボンはかせて

記…清水

トイレからお部屋に戻ってきてオムツとズボンをはこうとしているれおくん。オムツは大人といっしょにはいたが、ズボンはしおんちゃんがはきやすいように床に広げてくれていた。その姿に気づく

と、座り込んで「はかせて！」と足を伸ばしてアピールする。しおんちゃんもその気持ちに応えようとはかせてくれるがうまくいかず、「どうぞ」とズボンをれおくんに渡す。そこへさつきちゃんがやってきて、れおくんは〝はかせて〟とアピールするが、さつきちゃんはなんのことかわからずにいる。あきらめて、今度は自分ではこうとする。同じところに足が入ってしまったり、片方がうまくできるとまた脱いでみたり、楽しみながらやっていた。まわりでみんなが応援してくれることもうれしかったのだろう。最後は大人に手伝ってもらったが、れおくんの表情はとても満足気だった。

友だちに手伝ってもらう心地よさと、友だちを手伝う心地よさを体験する子どもたち。着替えの時間、大人はとにかく忙しい。プールの時間は、手早く準備をしながら、子どもの着替えを手伝わなければならず、てんやわんやだ。すぐには子どもの求めに応えられない。そんなとき、子ども同士のステキなかかわり合いや、助け合いが生まれる。

8月29日　さなえちゃん手伝って

記…反町

庭で少し遊んでからプールに入った。着替えをしたくて、でも自分では脱げなくて「うー」と大人に助けを求めるこうせいくん。それを見てさなえちゃん、しおんちゃんが後ろから脱がせてあげようとしていろいろ手をかしてくれた。こうせいくんの着替えが終わると次はしおんちゃん。ひとりで脱ごうとして脱げないと「さなえちゃん手伝って」とさなえちゃんに助けを求めた。さなえちゃんは快く手伝うが、うまくいかず最終的にしおんちゃんは大人の元へ。子ども同士〝手伝ってあげたい〟〝手伝ってほし

大人のバタバタ、どこ吹く風。

い〟、そういった姿が見られてほほえましかった。

いつしか、月齢の差、進級児、新入園児という違いに関係なく、それぞれがクラスの一員として、いて当然の仲間になってきた。困っている子がいれば助けてあげたいし、自分が困れば助けを求める、そんな子ども同士の関係がつくられつつある。安心できる大人と子どもの生活のなかで、安心できる仲間関係ができあがりつつあるようだ。

コラム② お昼寝前、おしゃべりしてもいいんじゃない？

７月27日のエピソード「みずきちゃんと睡眠」（46ページ）は、みずきちゃんが清水さんとおしゃべりを楽しみながらゆったりと眠るエピソードだ。お昼寝のとき、子どもがおしゃべりしていたら、大人は、「しー！　静かにね」と声をかけるものでしょうと思う人が多いのではないだろうか。しかし、みつばち組はちょっと違う。むしろ、ゆったりとおしゃべりを楽しむ大事な時間になっている。清水さんはこう言う。

「はい、隣に来ましたよ。トントンするから寝ましょうね、みたいにはしたくない。それって、子どもに威圧感を与えてしまうでしょ」

大事なのは子どもが安心して眠ることだ。そのためにひそひそ声でおしゃべりしてもいいんじゃないと考えている。同じようにしているのは、園の中では少数派かもしれないけれど、そういうのもいいんじゃないかと認められている。だから、みつばち組のこのスタイルは、２歳児クラスになっても続いていった。２歳児クラスで清水さんといっしょに担任になった瑠璃子さんは、その姿をいいなあと思って眺めていた。

「しーさん、子どもたちとおしゃべりしながら寝るっていうのが多いよね。いいな〜って思っている。ついつい絵本読んで終わり、さあ寝ましょうっていうふうになるけど、今日の○○楽しかったよねとか、子どもが気持ちよくなるような話をするでしょ。子どもは、寝かされるという圧力を感じないで安心できると思うの。□□だったよねって、思い返しながら気持ちよくなる流れなんだろうなって。だから、私もマネさせてもらっている」

こんな大人が寄り添ってくれると、子どもはお昼寝の時間が待ち遠しくなるだろう。人は、日々の体験を記憶にとどめていく。そして、それぞれの体験は、その人なりの意味がつけられて記憶のページにつづられていく。どんな意味がつけられるかで、その人の物語は変わっていく。

みつばち組の子どもたちは、毎日が新しい体験の連続だ。そして、その意味づけは、かかわる大人によって変わってくる。子どもの思いをどう読み取り、どう意味づけるかで子どもの物語が決まってくるのだ。だからこそ、子どもの体験を心地よいものとして、子どもとともにふり返りながらステキな物語を紡いでいく大人の役割が求められる。

お昼寝の大人とのおしゃべりタイムは、ステキな物語づくりの絶好のチャンスかもしれない。

秋
9月〜12月

ふくらむ自我・広がる遊び

一人ひとりの歩みのスピードは違うものの、いよいよ自己主張のつぼみがふくらみ、花が開きはじめた。ぶつかり合いもその勢いを増していく。それと同時に、子どものイメージする力は拡大し、遊びも豊かにダイナミックになっていく。

ぶつかり合いながら、つながっていく

秋の実りの季節に、彩りを増す自然を体全体で感じながら、存分に遊び、ぶつかり合い、つながり合って成長していく子どもたち。大人は、とまどい悩みながらも、その成長を喜び、子どもの世

界をおもしろがり、楽しさを分かち合っていく。

日々、あちらこちらでぶつかり合いが起こる。それは、これまでも同じ。でも、よく見てみると、ぶつかり合いの様子は複雑になってきた。

場所の取り合いアラカルト

9月21日　ここがいい！　記…清水

いつもは5人で1つのテーブルで食べているが、今日は人数が少なかったので、3、4人で食べることにした。清水のテーブルはすでに4名いたが、あとからやってきたさつきちゃんが「ここがいい！」と空いていた席に座る。するとまわりの子が気をきかせて、隣のテーブルにあったさつきちゃんのエプロンを届けてくれた。「自分でやりたかった！」と怒るさつきちゃんに「じゃあ自分でやっておいで」と話すと、さつきちゃんは席を立つ。すると手洗いをたっぷり楽しんだみずきちゃんがやってきて、同じように「ここがいい！」と座る。戻ってきたさつきちゃんは「さつきちゃんが座ってた！」と強くアピールする。座れない……でも私だってここがいい、と思うみずきちゃんは、大泣きしてしまう。「どうしようか？」とそれぞれの気持ちを聞いていくが、みずきちゃんは〝座れないかもしれない……〟という状況に涙が止まらず大人の言葉が入らない。すでに座っていたりゅうせいくんがかわってくれて、そこでさつきちゃんが食べることになった。気持ちがおさまらないみずきちゃんは、「もう食べない、ねんねー！」と泣き、大人の膝で落ち着いてからようやく食べだした。気持ちよく食事してもらいたいなと思うが、それぞれの主張をきちんと聞いていきたい。

そんなに簡単には気持ちはおさまらないもの。気持ちを聞いてもらっても、状況を説明してもらっても悲しい気持ち、くやしい気持ちは増すばかりだ。なぜって、自分が座るつもりだったのだから。その思いはどちらも同じ。こんなとき、どうすればよいかと大人は頭が痛い。でも、大事なのは、正しく解決することではなく、子どもがおいしく食べること。気持ちが変わるのには、時間が必要だ。少し時間はかかったけれど、みずきちゃんも落ち着いて食事ができてよかった。

こんなぶつかり合いを日々くり返してきた子どもたちの、3ヵ月後のイスの取り合いの場面では……。

12月13日　どうぞ

記…反町

牛乳パックの長イスを二つ並べて座りたかったさつきちゃん。運んでいく時点からそのイスに座りたくて狙っていたあんずちゃんが座ってしまうと「さつきちゃんが～（座るの）」と涙となる。あんずちゃんに「そこは、さつきちゃんが座ろうと思って持ってきたから隣のイスにしてくれる？」とお願いすると隣にずれてくれた。2人で並んで座っているとそらくん、さなえちゃんも座りたくなって黙って間に座り「せまい」と怒られる。そこで「黙って座ったらイヤだと思うよ。座りたかったら入れてって言ってみれば？」と2人に話していると、その話を聞いていたあんずちゃんとさつきちゃんが席をつめて「どうぞ」とゆずってくれた。次々に座りたくなった人たちがやってきて座ろうとして〝座ってるからダ

メー〟〝座りたかった〜〟とイスをめぐってやっていると、「ここいいよ」と膝をたたいて膝に座らせてあげたり、「どうぞ」と席を立ってゆずってくれた。自分が座りたいのに座れなくて悲しいとか、くやしいという思いをしたり、ゆずってもらえてうれしかった気持ちを思い出したりしたからこそ、ゆずり合えたのかなと感じた。ステキなやりとりだった。

こちらは、一つの席をめぐって取り合う場面とは違うこともあり、なんだか、ぶつかり合うのも、ゆずり合うのも楽しそう。座る、座れないのやりとりも楽しみの一つかもしれないと思える。いっしょにいることが楽しいという雰囲気のなかでは、子どもたちのいろいろな反応が出てくるようだ。つめてあげたり、膝に乗せてあげたり。子どもたちはよく見ていて、よく考えている。こんな楽しさの中で、押したり引いたりして、手加減したり、調整することを経験していくんだなと思える場面だ。それはそうと、子どもの気持ちを代弁しながら動きを整理する反町さんの采配もなかなかのもの。

子ども同士で解決していく

大人の手助けがなくても、どうすれば楽しく遊べるのか、ぶつかり合いながら学んできた子どもたち。子どもだけで解決して、遊びが続いていく。

11月22日　虹色トンネル

記…丹

最近、ごっこ遊びで乗り物に見立ててトンネルの中に入ったり、小さい窓枠が運転席になっているようで、３人並んで「出発!!」で遊びだしている。今日は、あやめちゃん、きよみちゃん、のぞみちゃんが並んで動物園に行くよと楽しそうにおしゃべり。でも、それを見ていて、みんなが仲間に入りたくて集まってくる。みずきちゃんが入ると、あやめちゃんが、「みずきちゃんいいよ」と言ってくれ、本当は窓のあるところに入りたかったようだが、とにかく受け入れてもらえて横に座って遊びだす。

次に、ほくとくんが入ろうとすると〝ダメ〟と拒否。男の子だからなのか……？　「ほくとも入りたい」と訴えるが、〝順番ね〟と答えるあやめちゃん。ほくとくんもその言葉にちょっと入るのをやめて待っていて、きよみちゃんが出たところで仲間に入って遊びだした。子ども同士で解決できてホッ!!　こんな場面が増えていくといいなーと思う。

「順番ね」と交通整理をするあやめちゃんと、その言葉で立ち止まって、順番を待つほくとくん。遊びのなかで、大人に助けられながらくり返してきたことは、子どもの中に根づいていくのだなと思える場面。そのことをもっとはっきりと確認するのは、大人の言葉を子どもがみごとに再現してくれるときだ。

ドラマが生まれる虹色トンネル。

12月12日　子どもたちだけで解決！

記…清水

夕方ホールで遊んでいると、のぞみちゃんとさなえちゃんが場所の取り合いでぶつかり、さなえちゃんがたたいてしまう。「イタ〜イ」と大声で泣いてアピールするのぞみちゃん。大人の方を気にしながらいろいろ感じている様子のさなえちゃん。その場で立って考えている。

するとその大泣きの声にきよみちゃん、みずきちゃん、しおんちゃんが心配して「どうしたの？痛かったの？」「痛かったよ！　って言いに行く？」と聞いている。そこでのぞみちゃんもうなずいて、「いたいよ〜」と言うと、きよみちゃんが「（いたいって）いえたね！」とまるで大人のように声をかけていた。大人はずっとそばにいたが、何も言わなくても子どもたちのやりとりでのぞみちゃんの気持ちは落ち着いた。

みんなに責められてしまったさなえちゃんは無言でその場からいなくなるが、彼女なりにいろいろと感じただろうと思い、あとでそっと「さなえちゃんもやりたかったの？」「イヤだったもんね」と気持ちを受けとめた。さなえちゃんはその後スッキリ遊んでいたが、どう感じただろうか。でも、子どもたちだけで言葉でこんなにも解決してしまうやりとりに驚くとともに、大人の言葉もよく聞いているなと思った。

自分の思いを伝えることを大事にして、子どもの気持ちを受けとめ、ていねいに言葉にしてきたことが報われたと感じる瞬間だ。しかし、泣かせてしまった子の気持ちを受けとめるのは、大人の役割。どちらが悪いわけではなく、どちらにもその子なりの思いがあるのだから。それぞれの思いを大事にしたい。

ぶつかり合ったのぞみちゃんとさなえちゃん。いつもは、おしゃべり上手の仲よしだ。近くにいるからこそ、ぶつかり合うことも多いけれど、どちらかがピンチになったときには、友を助けるために大きな子どもにだって立ち向かう。

10月5日　助け船

記…反町

てんとう（2歳児クラス）に、のぞみちゃん、さなえちゃん、さつきちゃんの3人で遊びに行った。さなえちゃんがてんとうの遊びを見ていると、「みつばちさん（1歳児クラス）は見ないで」と言われショックでかたまってしまう。すると、そばにいたのぞみちゃんが、そんな言い方しないでとばかりに言い返していた。おしゃべりはよくするけれど、気持ちのぶつかり合いでは何も言えなくなってしまうことの多いのぞみちゃんだが、さなえちゃんのピンチを察すると弁護するかのように言葉を発している姿に驚いた。自分の時にも思っていることを言えるようになるといいなと思う。

大人も感心するようなのぞみちゃんの凛々しい姿。友の窮地を救わなければと思うと力がわいてきたのだろう。麗しき友情。守る立場になったとき、人は思わぬ力を発揮するもの。大丈夫、その力、自分のために使えるようになる日は遠くない。それまでは、大人がそっと支えてあげよう。

興味が同じだからぶつかる・だからつながる

パワフルな女の子たちに圧倒されて、ちょっと影の薄かった男の子たち。しかし、彼らも、お互いの存在に惹かれながら、確実に友情を育んでいる。つながるきっかけは、やはり、遊び。魅力的な遊びに惹かれて、いっしょにやってみたい。そんな気持ちが、子どもをつなぐ。

11月9日　りゅうせいくんとそらくん

記…清水

りゅうせいくんの遊びが気になるそらくん。追いかけて同じように動いて楽しむ姿が見られている。今日も砂場でりゅうせいくんが砂山をつくっていると、同じようにマネしてシャベルで砂山をつくっている。次第にそらくんがシャベルですくうところに興味を持ったりゅうせいくんが、今度はそらくんをマネする。2人に会話はないが、30分くらい2人で黙々と作業をして大きな山をつくった。りゅうせいくんは「クリスマスよ！」とツリーをイメージしていたようで、「キラキラしてるよ〜！」と教えてくれる。お互いに刺激し合いながら、今後の2人のやりとりを見守っていきたい。

言葉はなくてもつながる2人。「男は黙って○○ビール」というコマーシャルのフレーズがずっと昔にはやったけれど、言葉はいらないんだなと思える。お互いを意識しながら、いつしか共同作業。どうやらりゅうせいくんは、クリスマスツリーをイメージしてつくっていたらしいけれど、そらくんはどんな〝つもり〟を持っていたのだろう。お互いのイメージは違ったかもしれないが、いっしょに作業することの心地よさを体感した2人だった。目の前にできた立派な山（ツリー?）をいっしょにつくりあげた達成感と、いっしょに過ごしたおだやかな時間が、またいっしょに遊びたいと思う関係をつくっていく。

もちろん、こんなおだやかな関係だけではない。ケンカするほど仲がよいというけれど、一方的な思いは、なかなか受け入れられないもの。追いかけるほどに、相手は逃げていく。逃げられると、さらに思いはつのっていく。なんの話って、これは、1歳児の男の子同士の話。逃げるほうも、追いかけられるのはまんざらではないようだ。車でつながっていくのは、やはり男の子らしい。

12月22日　れおくんとそらくん

記…反町

そらくんの三輪車の後ろに乗りたくて、でもそらくんに断られ大泣きのれおくん。それでもあきらめきれずに泣きながらも追いかけ、ますますそらくんは逃げていく。いっしょに乗りたい気持ちを受けとめつつ、そらくんが1人で乗りたい気持ちも伝えていくが、やはり乗りたいんだ!! という自分の気持ちで精一杯で、何を言っても首を振り、三輪車への思いがつのっていく。そこで「収集車見に行こうか」と気分転換に誘い落ち着いた。その後は手押し車にれおくんが乗ってそらくんが押し、または、その反対をくり返しながら2人で遊んでいてとてもいい顔をしていた。手押し車を離れてからも2人で顔を見合わせては〝イタズラしちゃう?〟といったニヤニヤ顔をしたりしてずっといっしょ。れおくんが行ってしまうと「れおくんは?」と探すそらくん。興味が同じでぶつかることもありながら、いっしょが楽しいと感じて引き合う2人だった。

2つのエピソードの男の子たちの関係はいろいろだけれど、共通なのは、遊びをともにするということ。魅力的な遊びが多いほど、子どもはいろいろな形でつながっていくのだろうと思わせてくれる。

秋は**外が気持ちいい**

実りの秋、豊かな自然を満喫できる季節。子どもたちは、自然の中で、どんな発見をし、どんな遊びを展開していくのだろう。

受難のダンゴムシ

子どもはダンゴムシが大好き。といっても、興味はあっても最初はなかなかさわれない。おもしろそうだけれど、ちょっとこわい。

9月6日　ダンゴムシが気になるそらくん　記…清水

きよみちゃんが大きなダンゴムシをつかまえて手のひらに乗せみんなに見せてくれる。興味津々のそらくんが近づくと、きよみちゃんはそらくんの手を取って渡そうとするが、そらくんはこわくてすぐにひっこめてしまう。でも、ダンゴムシが気になるそらくんは、きよみちゃんのそばから離れずずっと様子を見ている。きよみちゃんは丸くなったダンゴムシを転がしたり、落としてまたつかまえたりしてさわっている。気になるけど、さわることはこわいそらくんは、きよみちゃんとダンゴムシの様子を隣で観察。そんなそらくんの姿がとてもかわいらしく、いつかさわれる日が来るかな？　と楽しみにしている。

ダンゴムシは、子どもの好奇心をくすぐり続ける。ダンゴムシ探しはその後も続き、ダンゴムシにとっては受難の日々が続くことになる。ちょっと早まわしして、2月のダンゴムシをめぐる子どもの姿を紹介しよう。

2月20日　ダンゴムシさん遊びましょう

記…反町

「ダンゴムシ探そう!」というしおんちゃんのお誘いがあり、のぞみちゃんといっしょに花壇に探しに行った。植木鉢をどかしてもダンゴムシの姿がなく、「いないね」と言っていると、しおんちゃんが「寒いからじゃない?　あたたかくなったから出ておいでーって言ってみる?」と提案し、3人でダンゴムシに呼びかけた。そうこうしているうちに別の植木鉢の下からダンゴムシを発見!　今度は、「しおんちゃんの手においで」と誘いかけたが、まったく動かないダンゴムシに、2人いるので選べないと思ったのだろう。「しおんちゃん?　のぞみちゃん?　どっち(にする)?」と聞くのぞみちゃんだった。まるで虫にというよりは、人に対してするような呼びかけに思わず笑ってしまった。とってもかわいいなとほほえましかった。

何かいるかな?

ダンゴムシの意志を尊重して、どちらの子どもの手のひらに乗りたいか選択肢を与えるのぞみちゃん。そうそう、自分で選ぶことは大事なことだ。ダンゴムシにとっては、そっと土の上に戻すという第三の選択肢があったらよかったかな。

手つなぎ散歩にチャレンジ

暑い夏がすぎ、お散歩が楽しくなる。一段とたくましくなってきた子どもたち。大人は、その姿を見て、もう全員歩いて行けるでしょうと、たかをくくってみたのだが……。
はたして、はじめての全員手つなぎ散歩はどうなるだろう。

9月30日　全員で手つなぎ散歩

記…反町

本日子ども15名、大人担任勢ぞろいで散歩に出かけた。朝から散歩を楽しみにしていたので、「散歩行くよ」と声をかけるとほぼ全員が門の前にいる清水さんの元に集まる。その時にはまだ散歩車を用意していなかったので、〝歩いて行ってみる?〟と大人同士話をして全員散歩車なしで歩いて行くことにした。散歩車があるときも数名手つなぎで歩き、手つなぎも上手になっていると感じていたのだが、やはり全員となると……ちょっとむずかしかったようで、1人が手を離して行ってしまうと、つられて何人も自由に歩きたくなり、そのたびに大人に声をかけられ、さっきまでと違う人とつなぐというのをくり返したり、それはもう自由すぎる手つなぎ散歩。全員ではまだ早かったなと思いつつ、みんな歩けることとは歩けるんだなと発見だった。

自由はすばらしい。でも、園の外に出るとなると、こうも自由を謳歌されてしまうと大人はてんてこ舞いだ。大人は反省然りと思いきや、みんな歩けるのだという発見を喜ぶポジティブ思考。何

歩いてみる?

ごとも、ポジティブにとらえること、ポジティブな面を見つけることから変化が生まれる。
その後も、全員歩く手つなぎ散歩は、敢行される。無理なく様子を見ながら少しずつ。

12月26日　歩いてお散歩!!

記…清水

散歩車があるとどうしても乗りたくなり、使わずに行くと帰りが歩けず大泣きになってしまい、なかなか手つなぎでのお散歩がむずかしかった。今日は年賀状を出しに郵便局まで歩くことがメインのお散歩へ出かけてみた。出発前に「今日はおててつないで歩くよ！」と散歩車がないことを伝えてみた。子ども10人、大人４人と子どもの数も少なかったので無理なく行くことができた。のぞみちゃんと手をつなぎたいさつきちゃんだが、断られてしまい、さなえちゃんが手を出して「つなごう！」と誘ってくれたり、いろいろとアピールして大人とはつなぎたくないし帽子はイヤだとなかなか進めないさなえちゃん、バスを見て「のりたーい！」と泣いてしまうこうせいくんなどいろんな姿はあったが、15分程度のお散歩もいいなと思い、楽しんでいきたいなと感じる。

歩きたい人、散歩車に乗りたい人、いろいろあってもいいんじゃない？　そんなに急がなくてもいいんじゃない？　という意見もあるだろう。でも、この子どもたちの一番近くにいる大人は、できるような気がしていた。だから、失敗してもやってみようと思うのかな。

冒険と反省の山のぼり

さて、いろいろなお散歩を経験して、体も一段とたくましくなってきた子どもたち。今や山のぼりだってへっちゃらだ。どの子も体の動かし方がうまい。

11月17日　山のぼり　記…清水

霧が丘公園へ散歩に出かけると、いつも遊んでいる場所が工事のために使用できず山のぼりへ出かける。夏前に一度出かけた時は、大泣きになったり、動けず「こわい」「イヤー」とパニックで引き返し反省したことがあった。今日はどうかなと思っていたが、やる気満々でどんどん進んでいく。こうせいくんは足元に落ちている大きな枝を拾って脇に投げ、歩きやすくしてくれる。れおくんは楽しくて大人より先へ行こうとするが、名前を呼ぶと「なに～⁉」とちゃんと戻ってきて大はしゃぎだった。頂上では木の実、大きな葉っぱでお面をつくったりしてから、山道を下って帰る。急な斜面では大人に抱っこを求めるりんごちゃんやわざと歩けないと甘えるすみれちゃん、転んでこわくなったみずきちゃんの姿はあったが、大泣きすることなく全員が無事に到着できた。その安心感からか、広いグランドを自由に走りまわって、帰園するのに集合するのは大変だったが、子どもたちの脚力、体力など成長を感じ、また行きたいなと思う。

いつの間に、こんなに山のぼりが上手になったのだろう。いつの間に、山のぼりがこんなに楽しくなったのだろう。子どもの成長に大人は感激。また行きたいと意欲を燃やす。

5ヵ月前の6月、はじめて山のぼりに出かけた時の子どもたちの姿を浮島さんが記録している。

6月15日　てんやわんやな山のぼり　記…浮島

霧が丘公園の丘には新入園児もだいぶ余裕を持ってのぼったり、下ったりできるようになってきた。そこで今日はもう少し勾配のある山道へ。0歳児クラスの時でも2、3度のぼったり、下ったりしたところ。今日の先頭は、「一番に行く！」とはりきっていたかんなちゃんと江口さん（当時はフリーの保育士、現在は5歳児になったこの子どもたちの担任）。続いて進級児と反町さん。一番後ろはりんごちゃんと東郷さん。そらくんは小さい虫や目の前の草葉などが目にとまって一歩が出ず浮島と下で待機。でもやはり上の方も気になるようで「おーい！」と呼びつつ、少しずつのぼって行こうとする。そうこうしているうちに「浮島さーん!!」と上から大人のHELPの声。聞けば、のぼりはよかったが、おりる時に太い幹があったり、はじめての急勾配でこわくなってしまったり……で、かんなちゃん、こうせいくん、りんごちゃんが涙。早くおりたい進級児もいたりでてんやわんやとなってしまった。持ち上がりの清水さんと進級児が先頭、新入園児は無理せずそれぞれのペースでのぼれるよう大人の動き方を整理する必要があるなと反省。体験の違いもしっかり考慮して活動を考えなければ。

友だちが待ってる頂上まで、あと少し。

てんやわんやの山のぼりも、子どもの大きな体験になっていた。大人の配慮や慎重さはもちろん大事だが、ちょっと冒険してみるのもおもしろい。そのときは、「ちょっと早かったか……」と後悔したかもしれないが、その体験は無駄ではない。子どもは、なんでも成長の糧にしてくれる。失敗は成功のもと。思いがけない子どもの成長を発見できるかもしれない。

充実の園庭遊び

69ページのエピソードにも出てきた園庭にある「虹色トンネル」は、子どもたちに大人気の遊具。3月に卒園した年長児がつくった木工作品だ。

9月8日　虹色トンネル楽しいな　記…反町

虹色トンネルにさなえちゃんときよみちゃん。横の穴からのぞいたり手を出したりして楽しんでいた。そこへそらくんが来て楽しそうだなと入りたくなり入ろうとすると「ダメ」とさなえちゃん。「そらくんも入りたいんだって」と声をかけると「いいよ」とのこと。そらくんも入ってなんとなくいっしょに雰囲気を楽しんでいると、こうせいくんも来てトンネルをピンポンと押して参加している。すみれちゃんもやって来るとさなえちゃんが自分の隣のスペースをたたいて「すみれちゃんおいで」と誘っていた。友だちの楽しそうな姿が気になり参加したり、いっしょに遊ぼうと誘ったりする姿がたくさん見られた。こうやってどんどん友だち同士のつながりができてくるのだろうなとほほえましい光景だった。

いっしょにいるだけでウキウキしてくる子どもたち。楽しそうな場所をめがけてとんでくる。でも、だまって入るのはＮＧ。「入れて」と、まずは許可が必要なのだ。そんなかかわりのルールを日々の遊びのなかで学んでいく子どもたち。何よりもいっしょにいて楽しく、心地よいのが一番。虹色トンネルは、砂場のそばにあるので、トンネルの上をカウンターにして砂のごちそうなどを並べてお店屋さんとしても大活躍だ。子どものイメージをふくらませるセッティングで、月齢の低い子どもたちの間にもごっこ遊びがどんどん広がっていく。

10月6日　お店屋さんごっこ

記…丹

虹色トンネルをカウンターにしてお店屋さんごっこを楽しむ姿がよく見られている。今日はそらくんが「(いらっ)しゃいませー!」と店員になっている。りんごちゃんはシャベルで砂をすくってカウンターに乗せてペタンペタンと平らにして何かイメージしながらたくさん並べてつくっている。大きい子たちの遊びをよく見ているのだろう。小さい子たちの遊びの世界もぐっと成長しているなと感じる。大人もいっしょにたっぷり楽しみたいと思う。

さて、園庭では、影もりっぱな遊び道具、影踏みごっこを大人と子どもがいっしょに楽しむ。

11月16日　影遊び

記…清水

大人が庭に映った影に気づいてその場にいた、みずきちゃん、ほくとくんと影を見て楽しむ。反対側を向くほくとくんに「後ろに(影が)いるよ!」と声をかけると大笑いする。自分が走るとついてくるのもおもしろいようで走りまわっていると、みずきちゃんがほくとくんの影を踏んだ。イヤで逃げるほく

とくんをおもしろがって追いかける。大人と並んで3つの影ができ、影が重なるように大人が動き「みずきちゃんがいない！」と言うと、その場から横にずれていく。かんなちゃんがやってきて、影を説明すると大人の手の影を踏む。「イテテ～！」と影がゆれるのがおもしろくて何度も楽しんだ。次はあやめちゃんが来て影を見せるが、大人の姿の方を見て気づかない。ようやく理解したが、だれかに踏まれたり動くと自分の前にあった影が後ろになったり横になったり変わることもイヤで、その場にうずくまって影を隠してしまう。その姿に笑ってしまったが、いろんな気持ちや楽しみ方が見えておもしろかった。

自分の大事な影があっちこっちに移動したり、人に踏まれたりするのが許せないあやめちゃん。「私の影にさわらないで！」とばかりに座り込む姿が、朝、次々と登園してくる子どもたちにとられまいとバッグやおもちゃをたくさん抱えこんで離さない姿（7ページ）とダブって、大人は思わず笑ってしまう。これも、自我が大きくなっていくときの姿か。

遊びを広げるのはだれ？

子どもから発信する遊び

いっしょに遊ぶことが大好きになってきた子どもたち、大人が遊びのきっかけをつくらなくても集団遊びが自然に生まれてくる。ごっこ遊びの輪も広がる。2両の電車は、いつの間にか8両連結の長い電車になって出発進行。

9月29日　電車ごっこ

記…清水

食事をする時に使うイスをつなげてあやめちゃんとさつきちゃんが電車ごっこをはじめる。大人に「バイバーイ」とうれしそうに手を振り、それに大人も「いってらっしゃーい」と答えてやりとりしている。するとれおくん、かんなちゃん、すみれちゃんがイスを持ってきて後ろにつなげる。「バイバーイ」と電車が長くなりうれしそうに手を振る子どもたち。すると登園してきたそらくん、りゅうせいくん、こうせいくんも気づいてイスを運び、8人のつながった電車が子どもたちだけでできた。子どもたちの姿に驚くとともに、みんなで楽しく遊ぶ機会をたくさん重ねてほしいなと思う。

今度は、イスがステージに変身。イメージが広がる子どもたちにとってイスはいろいろな舞台を演出してくれる。大人がいなくても、子どもだけで遊びが広がり、子ども同士でイメージを共有して、小さなステージがどんどん大きくなっていく。

10月3日　みつばち合唱

記…清水

木製のイスを並べて座り、あやめちゃん、さなえちゃん、さつきちゃんが「チューリップ」を歌いはじめる。歌詞を全部覚えていてとても上手に歌う様子に大人が拍手して盛り上げる。するとすみれちゃん、りゅうせいくん、ほくとくんもイスを持ってきて横に並べて合唱がはじまった。歌詞を覚えていないすみれちゃん、さなえちゃんもまわりの言葉を聞いてそれとなく歌っている姿がかわいい。最近こうやって子どもがはじめた遊びがまわりの子に伝わってみんなで楽しむ場面が増えてきた。大人が遊びを設定するだけでなく、子どもからはじまる遊びがおもしろいなと思う。見守りながら、時には橋渡しして楽しいやりとりを重ねてもらいたい。

歌だけでは物足らず、今度は、弾き語り。ペットボトルのギター片手に、熱唱する友だちの姿にあこがれて、子どもたちが集まってくる。将来のシンガーソングライター誕生の予感。

記…清水

12月6日　合唱会

ペットボトルをギターのように持って「さんぽ」（中川李枝子 作詞、久石譲 作曲）を熱唱するさつきちゃん。歌詞もよく覚えていて何度もくり返して楽しんでいる。まわりの子もその歌声につられて、ほくとくんが同じようにペットボトルをギターのように持って弾いているつもりになって盛り上がっていた。その他にも「かえるのうた」「手をたたきましょう」など、さつきちゃんのリードで大合唱となった。

楽しさを広げる大人の遊び心

見守ることは大事だけれど、子どもといっしょに楽しむのが保育の奥義。子どもの遊び心をちょっぴり刺激してみると、遊びが一気に広がる。転ぶと、どこからともなく、救急車が駆けつける。次の瞬間、ケガ人続出、救急車の到着を待つ子どもたちの列。こんなごっこ遊びが大人と子どものあうんの呼吸でくり広げられる。

10月20日　ピーポーピーポー

記…反町

ほくとくんが公園の斜面で尻もちをつき大人に助けを求めていたので、「ピーポーピーポー」と駆けつけた。それを見てこうせいくん、かんなちゃん、あんずちゃんもその場に座ってピーポーが来てくれるのを待っていた。それを何回もくり返し楽しんでいると、あんずちゃんも「ピーポー」と言ってほくとくんを助けに行った。助けられる側から助ける側へまわったあんずちゃん。とても楽しそうでいい顔をしていた。とても楽しいピーポーごっこだった。

大人のちょっとしたしかけで、子どもたちのごっこ遊びのスイッチが入る。子ども同士の一触即発の危機も、大人の機転の利いたひと言でシャンプー屋さんに大変身。

10月24日　シャンプー屋さん

記…反町

大きい三輪車にさつきちゃん、のぞみちゃん、しおんちゃんの3人で座っていた。しおんちゃんがその場を離れるとほくとくんが座った。が、〝そこはしおんちゃんのところだからどいて〟とばかりにのぞみちゃんに髪をもみくちゃにされ、戻ってきたしおんちゃんにも髪をいじられる。そこで丹さんが「頭ゴシゴシ」と声をかける。するとその途端に「シャンプーでーす」とのぞみちゃんがシャンプー屋さんになりきる。しおんちゃんもシャンプー屋さんに大変身。それからしばらくシャンプー屋さんごっこが続き、3人で楽しい時を過ごしていた。大人の声かけ一つで雰囲気も変わり遊びへと発展するんだなと思った。

さて、楽しいやりとりは、痛さも吹っ飛ばしてくれる。それどころか、楽しさも周囲に拡散してくれる。大人の名演技に刺激を受けて、名女優が誕生する。

12月8日　**痛いのとんでけー**　記…反町

さつきちゃんが足をぶつけて「丹さんに痛いの飛んでけする」と言ったので丹さんに飛ばしてみると「痛っ!」と倒れてくれた。その姿を見て、りんごちゃんが「りんごちゃんも!」と〝私に飛ばして〟とアピールする。「りんごちゃんに飛んでけー!」と飛ばすと「いたっ!」と横に崩れ落ちていくりんごちゃん。そして〝もう一回〟とアピールする。その姿をちょうどお迎えに来ていたりんごちゃんの母が見て、「女優ですね!」と楽しそうに感想を言っていた。りんごちゃんのおもしろがる姿を見守る母のまなざしがとてもいいなと思った。

大人の遊び心をみごとにキャッチしてくれる子どもたち。大人の〝つもり〟に共感して、いっしょに笑い合う。小さくてもこんな力があるのだと、改めて1歳児の能力に驚かされる。

食事でも遊び心があっていい

〝がんばる〟より〝楽しい〟を大切にしてきたみつばち組の食事の時間。当然、〝整然と〟とはほど遠い。だいたい、一人ひとり好みも食べる量も、食べる速さも違う。でも、そのズレがいい。「たべる」「たべない」の意地の張り合いではなく、知らないうちについ食べてしまったといううれしいハプニングが起こりやすいのだ。大人のちょっとしたイタズラ心も加わって、そのハプニングの確率は一層高まる。

9月15日　味見っておいしい！　記…清水

今日の食卓のメンバーはみずきちゃん、こうせいくん、さなえちゃん、そらくんの4名。お皿におかずを配膳する時に、ナスときゅうりの浅漬けを大人が「ちょっと味見してみるね」と手に乗せて食べてみた。すると「ちょうだーい！」と言うので、手のひらに乗せるとイヤがることなく次々と口にする子どもたち。気分やメニューによって食べむらのあるそらくんも手を出して「おいしー！」と食べている。「もっとー！」と2回ほどあげて「じゃあお皿に入れておくから」とお皿で渡した。お皿のはどうかな？　と見ていると、それも指でつまんでおいしそうに食べていた。こうせいくんは皿に乗せるとナスは避けてきゅうりを選んで食べていたが、とてもおいしそう。「ちょっと味見！」で自分から食べてみようかな？　と思えるきっかけになったなと感じた。楽しく食事ができたかな？

今日もにぎやかなみつばちの食卓。

味見というのは、だれよりも先にその味を確認する特別なこと。その特別感は、子どもの好奇心をくすぐる。手は皿にもなるし、箸にもなる。いつもと違うことが、ワクワク感を増幅させて、食欲中枢を刺激するのだ。でも、いくらおおらかなみつばち組の食卓とはいっても、いつも手の皿というわけにはいかない。本物の皿から食べてほしい。そうなると、大人は遊び心は横において、正面から子どもに対峙してしまう。配り方、配る順番を工夫しても、子どもはなかなか手ごわい。思ったようには食べてくれないもの。そんなとき、子どもが助け船を出してくれるのがありがたい。

10月28日　食べなよ

記…反町

昼食で先に副菜、味噌汁、そしてマーボー豆腐の順によそって配った。みんな配られたものから食べていくのだが、すみれちゃんだけは食べたいものがないのでひたすらマーボー豆腐がくるのを待っている。おかずも食べてほしいので「食べて待ってて」と言っても〝イヤ〟、里芋を小さくしてスプーンに乗せると〝これじゃないのよ〟とプリプリ。「食べなよ」と言っても〝イヤイヤ〟をする。そのとき、隣に座っていたりんごちゃんが「食べなよ」と大人のマネをしてすみれちゃんにおかずをすすめた。するとなんと食べた！　食べてみたらおいしかったようで、全部食べていて、大人が言うよりも子ども同士のほうがその気になるのだなと思った。

子どものひと言で気持ちが一新。上からと横からの言葉の違いなのか。お隣で食べているすみれちゃんの声はきっと、「いっしょに食べよう」と聞こえたのだろう。

コラム③　手つなぎ散歩の裏話

９月30日の「全員で手つなぎ散歩」（76ページ）は、散歩車を使わず、はじめて全員で歩いて散歩に出かけたエピソードだ。この中には、やっと一人歩きができるようになった月齢の低い子も含まれている。１歳児クラスの９月の全員歩きとは、けっこう大胆ではないか。

そこで、「みんな、歩けるっていう予想があったの？　それとも、ダメだったら抱っこしてもいいって思ったのかしら」と聞いてみた。

清水「どうしてそう思ったのかはわからないけど、いけるんじゃないかなって思ったんですよね」

反町「大丈夫、みんな、ついておいでみたいな感じかな。抱っこしようとか、そんなことはあまり考えない」

清水「行ってダメなら、一回戻って散歩車をとってこようって感じですね。あるいは、迎えに来てくださいって園に電話するとか」

実際にそうしたこともある。だから、散歩は、担任が全員そろっているときに行った。非常勤も入れて４人いれば、１人が走って園に散歩車を取りに行くこともできるからだ。

清水「散歩車を１台持って行くとみんな乗りたくなっちゃう。だったら、あるかなしかのどっちかのほうがいい。歩きたいならもうなし。１台だけだともうみんなが乗りたくなるし、車の中でまたかみつきが起こる。散歩車の中でかみつきが起こるのがイヤだったっていうのもあると思う」

反町「あったよね。乗せる前から。乗ってる子を、乗ろうとしている子がかんだりってこともあった」

なるほど、これでは、出発もままならない。チャレンジングな１歳児９月の全員歩きの散歩には、こんな裏話があったのだ。

冬
1月〜3月

体験の積み重ねを実感する

新しい年を迎え、進級が目の前に迫ってきた。みつばち組に進級したころは、右も左もわからず不安だらけだった新入園児は、みつばち組が、安心できる居場所になった。そして、進級児と新入園児の区別なく、お互いがかけがえのないクラスの仲間になった。大人は、子どもたちの変化のなかに、これまでの体験の積み重ねを感じて、明日の保育への意欲がわく。

苦労続きの手つなぎ散歩が変わっていく

9月末のてんやわんや全員手つなぎ散歩のその後。進級を意識して、大人たちは、失敗をくり返しながらも、根気よく手つなぎ散歩を続けている。そして、1月の散歩の風景は……。

1月6日　手つなぎ散歩

記…反町

今日も出発前に〝散歩車は持っていかないこと〟〝抱っこ、歩かない、手をつながないになると散歩に行けなくなってしまうこと〟を伝えると、うなずいたり無反応だったりして、本当に大丈夫かなと思いつつ、子ども13人、大人4人で、手つなぎ歩きで霧が丘公園に出かけた。行きは楽しみな気持ちから、手つなぎでよく歩いた（あやめちゃんときよみちゃんは、2人で気が大きくなり何度も手を離しては進んで行き、そのたびに約束を思い出してもらって戻ってくるのをくり返す）。

帰りはくたびれてしまい、甘えたくて歩かないとアピールしたり、機嫌が崩れて何もかもイヤになってしまい少し抱っこで帰ったさつきちゃんがいたり、時々手を離してはニヤニヤするこうせいくんがいたりしながらも、なんとか保育園に帰って来られた。はじめての手つなぎ散歩をしたときからずいぶん進歩したなと思う。何度も積み重ねて手つなぎで歩く経験を積んでいきたい。

「くり返し」の効用

行きはよいよい帰りはなんとやら。それでも、手つなぎ散歩が様になってきた。外に出ると、まわりには子どもの好奇心を刺激するおもしろそうなものがいっぱいある。近づいてみたくもなる。気持ちだって解放される。みんなといっしょにいるのも楽しいけれど、ちょっと寄り道したくなるもの。でも、今や、列を離れてしまっても、ちゃんと戻ってこられるようになった。約束だって思い出せるようになったのだ。すごい進歩。どうやら集団行動っていうものが、できるようになってきたのか。とにかく、あきらめず、くり返すことは大事なこと。

そして2ヵ月半後には。

3月27日　手つなぎ散歩

記…清水

わんにゃん公園への散歩にもだいぶ慣れて、行きは好きな友だちや大人と手をつないで歩いて行く。帰り道がむずかしい。早目に「もう保育園帰るよ！」と声をかけているが、なかなか集合できない。いざ、みんなそろうと、毎回そらくんが「丹さんとつなぐ！」とアピール。今日は「おててつなぐなら早くおいで！」と声をかけていたが、まったく聞かずに最後の方に来てアピールする。大人がいろいろと話をしてみるが、つなげない状況に泣いてしまい受け入れられない。今日はほくとくんとしおんちゃんが丹さんとつないでいたのだが、なかなか出発しないので、清水とつなぐことで納得し、そらくんは丹さんとつなぐことができた。今後も手つなぎをめぐっていろいろアピールするだろうなと思う子どもたち。少しでも散歩が楽しい時間であるように、声のかけ方、誘い方など工夫してかかわっていきたい。

手つなぎに慣れてきたと思ったら、今度は遊びすぎて、集合できなくなってしまうことが新しい悩みに。つまり、子どもが、楽しくて、時間を忘れて遊び込んでしまうということだ。それって、本当は、大人が望んでいることだ。思いきり遊ぶために公園に散歩に来たのだから。

だから、好きなだけ遊んでいいよ、と言ってあげたいところだが、大人としては、時間が気になる。早く園に戻って、子どもの支度を手伝って、急いで給食の準備をして……とその後のスケジュールが頭の中をうずまく。好きな人と手をつなぐのは、早い者勝ちというルールも守りたい。「早く、早く」と言いたくないけれど、どうすればいいの？　と大人は毎回頭を悩ましてしまう。うまく帰れる方法はないものかと、行くときから帰ることを考えてしまっているかもしれない。

遊びのピークを見きわめる

そして翌日。大人は、粘り強く、散歩を続ける。

3月28日　ステキな帰り道

記…反町

今日は霧が丘公園へ散歩に行った。昨日のわんにゃん公園からの帰りが大変だった（丹さんがいいと泣いたり、帰るよと声をかけてもまったくやって来なかったり）ので、今日は早目に声をかけた。出口近くのベンチでお茶を飲んだ人たちが少し散らばったが、「帰るよ！」と声をかけるとスッと集まり、手もつないで帰ってきた。昨日の姿はなんだったの？　と思うほど。大人も違うし、散歩先も違うし、で子どもたちの心持ちも違ったのだろう。それにしてもすんなりでびっくりの帰り道だった。

この変化をどう考えればいいのだろう。行き先の違い？　声のかけ方？　それとも大人の顔ぶれ？

まあ、それもこれもあるだろう。しかし、とにかく、子どもの満足と帰りのタイミングがピッタリ合ったのはまちがいなさそうだ。存分に遊んで、ああ楽しかったと満足し、お茶を飲んで一服しながら気持ちが切り替わり、さあ帰ろうという具合に、子どもの気持ちの流れと帰りのタイミングがうまい具合にマッチしたのだろう。昨日の失敗は今日の成功を生む。子どもも大人も経験が大事。

幅が広がる子どもたちのやりとり

笑い合い、ぶつかり合いながら、ともに過ごす仲間が一層気になりだした子どもたち。自我が大きくなって、自信もふくらんできた。大人がすることは、なんでもやってみたいし、友だちがすることも魅力的。お互いにマネっこをしながら、ますますお互いを意識していく。

そんななかで、子どもたちのかかわり方に広がりが出てきた。

イライラをしずめる友だちのやさしさ

1月10日　やってあげようか？　記…清水

ブロックで遊んでいたりゅうせいくんがうまくできずに困っていたので、大人がいっしょにやっていると、そのやりとりに気づいたあやめちゃんが、「やってあげようか？」と声をかける。大人はうまく思いが伝わるかな？　とちょっとドキドキしながらもそばで見ているとと、りゅうせいくんは、あやめちゃんにブロックをスッと渡して、様子をじっと見ている。つけてもらったブロックで遊んでいると、また取れてしまいイライラしてしまう。大人が「ゆっくりね」と声をかけると、同じようにあやめちゃんも「ゆっくりやってね。こうやって。できるでしょ？」とやりとりが続いた。心地よいやりとりにつながったことがよかったなと思う。

あやめちゃんの「やってあげようか？」のやさしい言葉かけに、スッと応じるりゅうせいくん。大人がほっとした瞬間だ。なぜ、ドキドキしていたかはおわかりだろう。子どもの気持ちがずれると、一瞬にして、火花が散り、大惨事となることがあるから。でも、ここは違った。大人が思っているより、子どもはお互いのことがわかっているようだ。気持ちは伝わった。あやめちゃんは、大人の言葉をなぞりながら、友だちとのかかわりを豊かにしていく。りゅうせいくんは仲間を信じて委ねてみる。そんな心地よいやりとりが成り立つようになってきた。

ぶつかり合いの終結は？

あちらこちらでぶつかり合いが起こるのは相変わらず。でも、大人が入らなくても、子ども同士で終結していく場面が増えてきた。しかも、その終わり方がおもしろい。ぶつかり合いに直面したときの、子どもの対応レパートリーが広がってきたようだ。ここは、見守る価値あり。

終わり方もいろいろ――その❶ ややこしいわりに自然消滅

3月2日 記…反町

ドーナツのメニュー表が欲しいすみれちゃん。さなえちゃんが使っていて、かしてもらえずに、くやしくて本棚の絵本を全部出して放りだす。そこへきよみちゃんが「ドーナツ欲しかったの？」と話しかけ、欲しかった気持ちに共感する。そのやりとりを見ていたさなえちゃんは、しばらく考えてからすみれちゃんに渡した。同じくメニューが欲しいのぞみちゃんがアピールすると、〝やっぱりのぞみちゃんにあげる〟と渡したばかりのすみれちゃんから取り戻してのぞみちゃんへ。またメニューが使えず涙となるすみれちゃん。涙のすみれちゃんを見て、またもやさなえちゃんはすみれちゃんに「ドーナツよかったの？」と聞き、のぞみちゃんから取り戻そうとする。のぞみちゃんははじめは抵抗していたが、「もう知らない！　しおんちゃんと遊ぶ！」と去ってしまう。子ども同士でのやりとりがとてもおもしろくて思わずどうするのかな？　と見てしまった。自分たちだけで自然に行っていて私の入る隙間はなかった。

泣いている子の味方になりたくなるのは人の常。悲しい気持ちに共感して、やさしさを発揮するさなえちゃんだが、両方に悲しい気持ちをアピールされると混乱してしまう。こんなとき、大人の交通整理が必要かと思いきや、ぶつかり合い経験の豊かな子どもたちは、自分で気持ちを切り替える術を学びはじめたようだ。

こんな自然消滅もあれば、名仲介役が登場する場面もある。ユーモアのセンスに長けた助っ人あらわる。

終わり方もいろいろ――その❷ ユーモアで切り替わる場の空気

1月13日 はんぶんこにする？

記…清水

庭でさつきちゃんとしおんちゃんと清水でボールで遊んでいた。途中でさつきちゃんが転んでしまい助けているうちに、のぞみちゃんとしおんちゃんがボールで遊んでいってしまう。その姿に気づき、「さつきちゃんのー！」と泣いてアピールする。するとしおんちゃんが、おもしろがりながら「じゃあ、はんぶんこにする？」と提案。自分の手を包丁にして切るマネをすると、さつきちゃんもおもしろがり、そのうち「いっしょにやろうか！」と言い合って子どもたちだけで解決。しおんちゃんの発想ってすごいし、それをいっしょにおもしろがれるっていいなと思った。

しおんちゃんのナイスアイデア。「はんぶんこ」のひと言が場の空気を変える。ボールは半分にはできなけれど、そのユーモアがわかる仲間がいい。

言葉で、こんな楽しい気持ちの切り替えをするのは、おしゃべり上手の女の子だけの話かと思いきや、今や男の子たちの間でも。男の子たちのユーモアセンスもなかなかのもの。

3月19日

記…清水

砂場に山があり、押し車を転がしてとても楽しそうに遊んでいたほくとくん、こうせいくん、れおくんの3人。こうせいくんとれおくんがぶつかり、お互いにゆずらず力づくで進もうとしていた。大人は時々「バックしてくださーい！」と声をかけながら様子をみていた。

ほくとくんとこうせいくんがぶつかった時も、同じよう押し合いとなる。すると、ほくとくんが手を出して「ごまちょーだい!」と言う。こうせいくんもそれに応えるかのように、手にタッチして何かを渡すマネをして笑い合っていた。

また、れおくんとこうせいくんがぶつかると、ニヤニヤしながられおくんに手を出してアピールする。それに応えてもらうとうれしそうに2人で出かけて行った。ほくとくんとのやりとりを見て、自分もやりたい! と思ったのだろう。ぶつかり合いの場面では、自分の思いでいっぱいになる、れおくんとこうせいくんだが、楽しいやりとりで気分が変われる方法が提案できるなんてすごい! と思った。こんなやりとりがつながるといいなと思う。

しかし、なぜほくとくんが最初に「ごまちょーだい」と手を出したのかは謎のままだ。

記…清水

終わり方もいろいろ——その❸ 放っておけない仲間たち

ところで、こんなに平和的な解決がいつもできるとはかぎらないが、ぶつかり合いには、たいてい子どもを取り囲むギャラリーがいるもの。冷静なギャラリーが、思わぬ手を差し伸べてくれることもある。

2月14日

場所が狭くて、押して入ろうとしたあんずちゃん。押されたことがショックでのぞみちゃんが泣いていると、れおくんやそばにいたあやめちゃんがなぐさめてくれた。れおくんは、〝ダメよ!〟と言いたかったのか、あんずちゃんにつめ寄ると、怒ったあんずちゃんがたたいてしまう。そこで今度は2人のたたき合いになる。大泣きする2人にそれぞれの気持ちを代弁して伝えるが、今は受け入れられない。それをそばで見ながら、あやめちゃんはのぞみちゃんの頭をやさしくなでていた。するとあんずちゃんもその姿を見て、れおくんをなでる。そしてのぞみちゃんのことも。大人が思う以上に子どもたちには伝わっているし、相手の思いにも気づいているのだなと感じた場面だった。

やさしい思いは伝わっていく。言葉がなくても気持ちは伝わる。ケガをしたとき、手当てをすると言うけれど、手のぬくもりは心をいやす。それは、子ども同士も同じだ。友だちを心配する気持ちが広がっていく。

3月14日　どーした?

記…反町

ほくとくんが靴を片方履いて片方手に持って泣きながらテラスの方からやってきた。どうしたの?と思い大人が声をかけようとした瞬間、しおんちゃんが「どーした?」と声をかけ、のぞみちゃん、りゅうせいくんも駆け寄って心配そうにする。ほくとくんが「靴ポーンした……」と訴えると、りゅうせいくんが「靴投げちゃダメだよねぇ」と、靴を投げられてイヤだっただろうほくとくんの思いを口にする。大人が行くよりも先に、四方から駆け寄ってきて泣いている友だちを心配する姿がなんだかいいなと思った。

この際、だれが靴を投げたのかは不問に付そう。白黒はっきりさせることが大事なのではなくて、くやしい思いをわかってもらうことが大事。大人のかわりにほくとくんの気持ちを代弁してあげたりゅうせいくん、よくわかっているね。

共感する力

その気持ちわかるよ

大人にたっぷりと共感してもらって、その心地よさや安心感を経験してきた子どもたちは、今度は、仲間に対して共感するようになってくる。それは、これまで紹介したエピソードのいたるところに出てきた。そして、言葉が巧みになってきた子どもたちは、その表現も豊かになってきた。

3月19日　ちょっと痛いね～　記…清水

すみれちゃんが腕まくりをして、前にケガしたかさぶたを見せて「ここ痛いのー」とアピールする。そばにいたのぞみちゃんが「あー、これはいたいよねー」とまるで大人のような口調で受け答えする。次にりんごちゃんも袖をめくって、同じように「りんごちゃんここがいたいのー、のぞみちゃん」とアピール。「どこ？　あーここか、ちょっといたいよね」と答えて、自分の傷跡も見せていた。〝痛かった〟

という同じ思いをしていたから出てきた言葉なのだろうなと思う。友だちに言いたいりんごちゃんやすみれちゃんの思いを受けとめて、とてもうれしそうに話すのぞみちゃんだった。

頼りがいのあるおねえさんののぞみちゃんに甘えるすみれちゃんとりんごちゃん。その瞬間、すっかり保育士になりきったのぞみちゃんだ。のぞみちゃんは、今、どの保育士になっているのだろう。子どもの観察力はすごい。だから、モデルとなる大人は気が抜けない。

いっしょに遊びたいから

生活の中で、共感力を育ててきた子どもたち。共感は、言葉で表現するだけではない。その思いを理解して、黙って、行動で表すこともある。

3月26日 クマさんが欲しいの

記…反町

ごはんを食べながら、青いクマがあと一体しかないことに気がついたほくとくん。隣で食べているれおくんに向かって「クマさん使わないでね。ほくとのだからね」と一生懸命話しかけている。れおくんは別にねらっていなさそうだが、だれかに持っていかれたら……と気もそぞろ。そんな2人の取り決めを知らないそらくんが青いクマを持ってふとんへ。しばらくして青いクマがないことに気づくと「クマさーん!」と嘆くほくとくん。その姿を見てしおんちゃんが青いクマをどこからか見つけ、ほくとくんに渡してあげて「ぎゅってしよう」と抱き合い、クマを手にしてうれしいほくとくんと喜びを共有し合っていた。いろいろなドラマがあるなと思った。

ほくとくんの思いを察して、クマさんを探しに行ったしおんちゃん。ほくとくんの喜ぶ顔を思い浮かべながら探したのだろう。いっしょに喜び合いたいしおんちゃんと、その思いをしっかり受けとめたほくとくんのドラマチックなシーン。

みんなでこわい、みんなで安心

さて、共感は、1対1の関係で生まれるものだけではない。同じ思いがクラス中に広がることもある。これは、節分の話。こわ～い鬼がやってきた。

2月3日　ピンクがいいね！

記…清水

今日は節分で、保育園にも青鬼が来た。突然現れた鬼に子どもたちは驚いて部屋の隅に隠れたり、豆を配っている時から大人に抱っこを求めるみずきちゃんの姿など、子どもたちはパニックだった。鬼がいなくなるとテラスに大人が確認に行った。するとドアのところまでさつきちゃんが行って確認する。ようやく子どもたちが落ち着き、「豆を食べながら「ピンクがいいよね～」とさなえちゃん。「そうだよね、ピンクならかわいいもんね」と大人が答えると、その言葉にまわりの子も「ピンクいいね。青こわ

いもんね」と話していた。とてもドキドキしたけれど、そうやってみんなでおしゃべりして楽しめるっていいなと思った。さなえちゃんの言葉がみんなに伝わった。ステキな表現だなと思う。

こわい鬼も、いっしょにいれば大丈夫。そんなクラスの仲間になってきた。ピンク色の鬼は、たしかに迫力に欠ける。部屋を包む恐怖と緊張感は一気に、淡いピンク色の空気へと和んでいく。それにしても、青鬼をピンク鬼に変身させるさなえちゃんの言葉のセンスに脱帽。ちなみに、当時さなえちゃんは、キティちゃんのピンクが大好きだったそうな。

れおくんとあやめちゃんの波乱の友情——映しだされる大人のふるまい

登園が早いれおくんとあやめちゃんは仲よしだ。子どもたちが少ない朝のおだやかな時間帯には、楽しそうにいっしょに遊ぶ姿が見られる。

2月13日　ともだち

記…反町

朝、母との別れの悲しさを引きずり、しばらく私の膝に座っていたれおくん。そこへあやめちゃんが登園し、れおくんの元へ来て「ママがよかったの?」などと話しかけてもらう。するとれおくんは、急に元気になり、言葉も発し笑顔になる。そして、2人で楽しく遊びに出かけて行った。気にかけてもらって、遊びに誘ってもらうだけで気持ちが変わり、笑顔になれたれおくん。友だちの存在って大きいんだなと感じた。

あやめちゃんのやさしい姿。れおくんもそんなあやめちゃんが大好きだ。『ママがいなくても、あやめちゃんがいれば大丈夫』とばかりに元気になる。こんなほのぼのした2人の姿にほほえんだのもつかの間、事件は起こる。

2月17日 気持ちがおさまらないんだ！

記…反町

畑の近くに木の棒が3本立っている。子どもたちがそれぞれの棒を1人ずつ持って、まわりをクルクルとまわっていた。あやめちゃんがまわっているところに行きたくなったれおくん。そばに近づくと、あやめちゃんは突然来られたのがイヤでれおくんの手の甲をかんでしまった。れおくんは、処置してもらいまた遊びだしたが、砂場にいたあやめちゃんを見ると髪の毛をひっぱった。突然髪をひっぱられたあやめちゃんが泣き声を出し、私が〝どうしたの？〟という顔をすると、れおくんは手のシップを指さしてからあやめちゃんを指さし、〝あやめちゃんがかんだんだよ！　だからさー!!〟と言っているようだった。〝かまれたからそれがイヤで髪の毛をひっぱったんだ〟というれおくんの主張に、気持ちがおさまらなかったんだなと思った。たとえ、れおくんが突然行ったからという前提があっても、れおくんにとっては〝かまれた〟という事実だけが残った様子。伝え方、気持ちの整理がつくまで見ていくことが大事だなと思った。

あやめちゃんとれおくんは、どちらも自己主張がかなり強い。自己主張は子どもの成長の証とはいえ、強く表に出す子に、大人は手を焼きがちだ。この2人、困っている子や泣いている子を見ると、なぐさめたり、助けたりするやさしい姿がある一方で、自分のことになると、一転して、絶対にゆずれない。結果は、ご想像の通りだ。手が出る、口が出る。保育士にとっては、お互いの気持ちがわかるだけに悩ましい。このときも、片やかみつき、片や髪をひっぱるというかなり激しいやり合い。でもこのくらいは、日常茶飯事なのだろう。

この事件、よく考えてみると、どちらが悪いというわけではない。れおくんは、自分もやりたくて、ただ近づいただけだし、あやめちゃんは、迫ってこられてこわかったのだから、ある意味、正当防衛。しかし、れおくんは、近づいただけで、なぜ痛い思いをしなければならないのか納得などできない。そんなもやもやした気持ちを抱えたままでは落ち着いて遊べないのも当然だ。

しかし、ケンカというのはこんなものかもしれない。お互いに言い分があるということ。どちらも悪くないということ。気持ちがおさまるまでには時間がかかるということ。

3月15日　あれもこれもダメなんだって～

記…清水

庭で、てんとう組（2歳児）のあきらくんがボール遊びをしていて、れおくんのそばを転がったので、取って渡そうとする。取られそうと思ったあきらくんは、「あきらくん使ってる！」と勢いよく取る。悲しくて泣いているれおくんの姿を見ていたあやめちゃんが違うボールを持ってきて「れおくん、どうぞ！」と渡してくれた。気持ちがおさまらないれおくんは〝違う〟と首を振って受け取らない。あきらくんが持っていたのはサッカーボールだと気づいたあやめちゃんは違う色のサッカーボールが落ちているのを発見し、また届けてあげるが、受け取ってもらえず「あれもこれもダメなんだって〜。どれがいいのかね」とつぶやく。その後も「じゃあ言いに行く？　いっしょに行こうか？」と声をかけてあげたり、親身になって対応してくれていた。今まで自分がやってもらったこと、かけてもらった言葉を伝えていた。あやめちゃんの思いは、れおくんにもきっと伝わっているだろうなと思う。うれしいやりとりがれおくんにも重なっていくといいなと思う。

れおくんの悲しむ姿に寄り添うあやめちゃんの友情。大人でもここまでていねいにしてあげられないかもしれない。子どもの行動は、大人のふるまいの鏡。あやめちゃんのれおくんへのやさしいかかわりの中に、これまで大人が子どもにしてきたかかわりを見て、ちゃんと子どもに伝わっていたのだとうれしい気持ちになる清水さんだった。

ごっこ遊びがふくらんでいく

ごっこ遊びがますます盛んになってきた。今では、月齢の低い子と高い子がまじりあってにぎやかだ。お医者さんごっこ大流行。

2月6日　お医者さんごっこ

記…清水

清水の膝の上に寝転んださつきちゃんに「お熱ですか?」と聞くと、さつきちゃんも患者さんになりきる。そばにいたさなえちゃんに「お薬お願いします!」と言うと、ペットボトルを取りに行き、ふとんをかけてあげる。頭には「冷えピタね」と布をつけると、あんずちゃん、こうせいくんもやってきてさつきちゃんをトントンとやさしく寝かしてあげる。元気になったさつきちゃんが起きると、今度はさなえちゃんが「さなえも!」と寝転がる。「お熱測りましょうね」とスプーンを脇にはさんで「ピピ!」と鳴る音をすると、こうせいくんが目を凝らしてスプーンを見つめ何度か見ている。

次々と患者さんになりたい人がやってきたので、イスを並べて待合室をつくると、すぐにイメージがわかったさつきちゃんは「お名前呼んでね」と座り、手で絵本をつくって何か読んでいるふりをして待っている。そらくん、すみれちゃんも参加してお薬を飲ませたり、ふとんをかけたり忙しく働いている。順番に患者さんになるというのが子どもの中にもあるようで、1人ずつその場に交代して寝るのがおもしろい。「かとうさつきさーん」と呼ぶと、さなえちゃんが「はーい」とニヤニヤ顔でやってきて寝転がる。するとさつきちゃんが「さなえちゃんママです」とママ役に変身しておもしろがる。それぞれの遊びがとてもおもしろいお医者さんごっこでとても盛り上がった。

1、2歳と言えば、よく熱を出して、医者通いを欠かさないころだ。だから共通のイメージを持ちやすい。イメージが豊かになってきた子どもたちは、お医者さんという共通のイメージで遊びに参加していく。そして、一人ひとりの経験を再現して、細かい演技がくり広げられる。中には、さなえちゃんやさつきちゃんのように、とっさに相手になりかわったり、お母さん役になったりしてアドリブを楽しむユーモアあふれる子どもたち。みつばち医院は大繁盛だ。

共通のイメージは、家庭での生活の経験だけではない。保育園での共通の経験が遊びとして広がっていく。大人に読んでもらった絵本や紙芝居、耳に入ってくる何気ないやりとりも、共通のイメージ遊びの源だ。おしゃべりがますます楽しくなってきた子どもたち。大人も、言葉とイメージの遊びをいっしょに楽しむ。

3月8日　何が入ってるかな？　記…清水

バケツに砂と葉っぱを入れてごはんづくりをしていたさつきちゃん。「できたよ〜食べて！」と大人のところへ持ってくる。大人が食べようとするとうれしそうに「パンも入ってるよ！」「いちごも入ってるよ！」と教えてくれる。そばにいたさなえちゃんとみずきちゃんといっしょに、「やったね！」と話していると、「しーさん（清水さん）も入ってるよ！」と笑う。「しーさんパン？」とおもしろがるさなえちゃん。そこで清水がシャベルですくうと葉っぱが出てきたので、そーっとひっぱり「あったあった！しーさんパン！」と言うと大笑い。次は「ママもいた！」、大きな葉っぱをひっぱると「パパだ！」「おじいさんだ！」と葉っぱを見つけるたびに盛り上がる。最近、大人や子ども同士との会話から、ちょっとおもしろい表現をして笑うやりとりが増えたように思う。子どもの言葉を拾ってイメージを広げながらいっしょに楽しむ雰囲気っていいなと思う。おしゃべりをたっぷり楽しみたい。

資料　みつばち組お気に入りの絵本たち

『きんぎょがにげた』五味太郎 文・絵、福音館書店
『バルンくん』こもりまこと 作、福音館書店
『ぶーぶーぶー』こかぜさち 文、わきさかかつじ 絵、福音館書店
『くだもの』平山和子 作、福音館書店
『がたん　ごとん　がたん　ごとん』安西水丸 作、福音館書店
『あんたがたどこさ』ましませつ子 絵、こぐま社

楽しいことが大好きで、何気ないことから笑いの種を見つける子どもたち。このユーモアのセンスは、みつばち組の大人と子どもの生活の中で磨かれてきた。みつばち組の1年間が終わろうとしている。月齢の差や経験の差の違いは、むしろ子どものユニークさの一部として、その子らしさを形づくってきた。しかし、それは、固定のイメージではなく、日々成長し、変化していくダイナミックなイメージだ。

この1年間、子どもたちはお互いを意識し、認め合い、居心地のいいつながりをつくりあげてきた。いまや、みつばち組は、子どもにとってゆるぎない居場所になっている。間もなく、てんとう組。また、新しい部屋で、新しい大人と、新しい仲間との生活が待っている。

コラム④　１歳児のブームの不思議

3月26日のエピソードに「クマさんが欲しいの」（101ページ）というエピソードがある。ほくとくんが、お昼寝のふとんに持っていくつもりのクマさんの人形をそらくんが知らずに自分のふとんに持っていってしまい、ショックで嘆いているのに気づいたしおんちゃんが、どこからか探しだして持ってきてくれたエピソードだ。

当時、みつばち組には、青いクマと赤いウサギの人形があった。青いクマというのは、青い色の洋服を着たクマで、２体あった。なぜか、青いクマのほうだけが子どもたちのお気に入りになり、取り合いになっていた。それで遊ぶわけではない。寝るときに自分のふとんに持っていくのだ。

反町　「あのクマには、もう本当に苦労したね」

清水　「気になっちゃって落ち着いてごはんが食べられない。だれかが食べ終わるともうそわそわしちゃうみたいな感じでしたよね。女の子なんかは、『取っておいたから』って、友だちのためにキープしたりしてた」

反町　「けっこう高価なもので、買い足すわけにもいかないから、０歳のクラスに借りに行ったりしてたよね。０歳にも２体あって、服は、青じゃなくて、縞々だったけど」

清水　「そうそう、寝る前が大変になって、乳児会議で出したら、０歳児クラスがかしてくれた。それでも足りなくて、おふとんに持って行った子が寝たら、さあ、寝たからちょっとかしてもらおって。寝るまでは、ちょっと待ってようねって言って、なんとかやりすごしてましたね」

クマちゃんブームは１ヵ月くらい続き、園全体の知るところとなった。みつばち組が大変だということで、幼児クラスからも人形の寄付がたくさん集まった。しかし、いつの間にかブームは去り、みつばち組にはたくさんの人形が残されたのだった。

それにしても、どうしてブームが起こり、なぜ去っていったかは、担任にも思い出せない。

第2章

2歳児クラス・てんとうむし組の春夏秋冬

てんとうむし組、略して、てんとうは、子どもが16人と大人が3人。子どもの人数は同じだが、顔ぶれが少し変わった。のぞみちゃんが転園し、さくらちゃんが新入園児として加わった。

大人は常勤の担任が3人、清水さん、松浦さん、そして、新人の名取さん。その他に、早朝と夕方には准職員の川本真規子さん、関口美香さん、加藤和美さんが交代で保育に入った。

担任3人のうち、2人が新しい大人だ。持ち上がりの清水さんは、ちょうちょ組（0歳児クラスから）から2年連続の持ち上がりなので、子どもたちを担任するのが3年目になる。松浦さんは、園で大人からも子どもからも〝るりこさん〟とよばれているので、ここでも瑠璃子さんと呼ぶことにしよう。瑠璃子さんは、この年バオバブ霧が丘保育園で働きはじめて6年目だったが、乳児クラスは、初年度に経験しただけで、あとはずっと幼児クラスを担任した。だから、久々の乳児クラス。

新人名取さんは、ピカピカの新卒だ。とはいっても、バオバブ霧が丘保育園には、学生時代に保育実習生として4週間保育に入った経験がある。以来、「バオバブ」の保育に惚れて採用試験を受験。合格して晴れて保育士として働くことになった。

てんとうむし組の大人たち

余裕の清水さんと、久々の2歳児担任でちょっとドキドキの瑠璃子さん、そして、一番不安だったのはもちろん名取さん。

毎日が学びの連続――新人保育士名取さん

「最初は不安でした。とまどうことも多くて」と話す名取さん。まず、不安だったのは、保護者のこと。保育実習で園の雰囲気は知っていたし、子どもとかかわるのはとても楽しい。でも、保護者と話すのははじめてだ。

「この前まで学生で、急に担任になって、まだ結婚もしていないし、もちろん子育てをしたこともない私を保護者の方がどう思っているだろうなって」と当時の不安な気持ちをふり返る。

たしかに、保護者はみんな自分よりも年上。こんな小娘にうちの大事な子どもをまかせて大丈夫かしらって思われているに違いないと不安になるのはわかる。どんなふうに会話すればよいのかもよくわからない。でもその緊張感は、子どもたちが徐々に解きほぐしてくれた。

「秋くらいまでは、余裕がなくて毎日がいつの間にかすぎている感じだったんですけど、子どもと接するのがすごく楽しいなって感じたし、かかわってみて、こんなに小さくても一人ひとりぜんぜん違っていてすごくおもしろいなって毎日が発見でした。言葉もどんどん上手になって会話するのが楽しかったし、ごっこ遊びとかいろんな遊びをいっしょにするのがおもしろかった。それに、どんどんいろんなことができるようになっていくのを見るのはすごく楽しみで、大変というより楽しいとかおもしろいと思うことのほうが多くて」

名取さんと何やら話し込む子どもたち。

こんなに、子どもとのびのびとかかわって、一人ひとりの成長に目を見張りながら、うれしそうに子どもの姿を伝える純粋な新人の姿を見て、保護者も職場の新人を育てるようなまなざしになったかもしれない。わが子のことに真摯に心を寄せてくれる保育士に、保護者は信頼を寄せるものだ。

こんな名取さんの年度はじめのエピソードからは、子どものやりとりを見て感じた新鮮な驚きが伝わってくる。

4月18日　かんなちゃんとすみれちゃん――午前中の園庭の出来事

記…名取

私があやめちゃんとほくとくんとお店屋さんごっこをしていると、後ろから泣き声が聞こえてきたので振り向くと、すみれちゃんとかんなちゃんが砂場のおもちゃのポットを取り合っていた。どっちが先に使っていたのかは見ていなかったが、お互いに「使いたい！」と言って取り合いになっている。かんなちゃんに、「すみれちゃんのが欲しくなったの？」と聞くと、「うん」と答えて涙をこぼした。「じゃあ、次かしてって聞いてみたら？」と声をかけると、かんなちゃんは、泣きながら「次、かして！」とすみれちゃんに言った。しかし、すみれちゃんの返事は、「イヤだ！」。それを聞いて、かんなちゃんはもっと悲しくなりまた涙がこぼれた。すると、すみれちゃんは、「すぐにかすからね！」と言ってくれた。それでかんなちゃんは少し落ち着いた。そして、すみれちゃんはすぐに「はい！　いいよ！」と言ってポットをかしてくれて、かんなちゃんは「ありがとう」と言って笑顔になった。まだまだ自分が使っているおもちゃをお友だちにかしたりするのはむずかしいと思っていたが、すみれちゃんがすぐにかしてくれてすごいなと感心してしまった。

「次、かして」と言われて、「イヤだ！」と答えたすみれちゃんは、自分の気持ちを出したことで、スッキリしてかんなちゃんの要求を受け入れた。名取さんが、2歳児ってよくわかっているんだと驚いた瞬間だ。

そういえば、同じような子どものやりとりが、みつばち組のころからくり返されてきた。「次、かして」「おわったらかして」という貸し借りの合図は、子どもたちの間に定着している。「ダメ！」と言われて悲しくなって、でも、待っていたらかしてもらえたなんていうエピソードは日々事欠かなかった。2歳児になって、言葉という道具の使い方がさらに上手になってきて、気持ちが伝わらずに手や口が出ることも少しは減ってきただろうか。子どもたちの1年間の成長過程を見ていない名取さんにとっては、驚きの場面だった。

こんなふうに子どもたちから学ぶこともあれば、大人から直接教えられることもある。毎日が学びの連続だ。

ある日、こんな出来事があった。あやめちゃんが園庭にいた園長に「はまやさん、見て！」と砂が入った靴を見せにきた。砂には、かわいい花が何本かさしてある。あやめちゃんの満面の笑みを見て、園長は内心『あらあら、靴に砂を入れちゃったのね』と思いつつ、「きれいね」と答えた。そして、「名取さんにも見せる」というあやめちゃんと手をつないで、近くにいた名取さんのところへ見せにいった。

名取さんは、砂の入った靴を見た瞬間、「お砂は入れないよ」と、あやめちゃんの手から靴をとると、ジャーッと砂を地面に捨てた。花が砂といっしょに地面に散らばった。名取さんの後ろで、あやめちゃんの顔がみるみるゆがんだ。でも、泣きはしなかった。そのなんとも言えない残念そうな表情を見たのは浜谷さんだけだった。

その後の浜谷さんとのやりとりを、その日のふり返りとして名取さんが日誌に残している。

5月9日　あやめちゃんの気持ち

記…名取

あやめちゃんが浜谷さん（園長）と手をつないで私のところへやってきた。あやめちゃんの手にはすみれちゃんの片一方の靴が。中にはいっぱいの砂が入っていた。靴から砂を出すと、お花もいっしょに出てきた。どうやらすみれちゃんの靴を入れ物にして遊んでいた様子。私はその場で「すみれちゃんの靴にお砂はイヤだよ」と言うと、あやめちゃんは、「これ、あーちゃんが入れてたの！」と抵抗する。すると浜谷さんが、「まずは子どもの気持ちを優先しましょ。他の入れ物をあやめちゃんに提案して、それを子どもが受け入れてくれてから、靴はやめてねと伝えたほうが子どもは受け入れやすい」と教えてくださった。私も心からそうだなと思った。てんとうになって、ダメとわかっていてもやりたかったり、いろんなことに興味を持ちはじめているクラスの子どもたち。最近、「ダメダメ！」の声かけが多い自分に気づき、もっと子どもの気持ちを大切にしたいと思った。あやめちゃんは違う入れ物を自分で選んで砂をカップに入れた。そのカップをずっと持ち歩き、あやめちゃんにとってとても大切なものだったのだと感じた。

浜谷さんの言葉に、自分の行為をふり返った名取さん。すると、あやめちゃんの気持ちが見えて

きた。そして、今の自分の保育士としての姿も。子どもの思いを大切にしたいと口では言っていても、子どもの行動に、つい制止の言葉が飛んでしまう自分がいる。きっとあやめちゃんは、近くに置いてあったかわいい靴を見つけて、ひらめいたのだろう。園庭で見つけたきれいな花や石を入れるのにピッタリだと。そして、自分のアイデアにワクワクしていたに違いない。そんなあやめちゃんの思いを無視して、頭ごなしに「靴にお砂はイヤだよ」と注意してしまった。

園長の言葉は、「バオバブ」の保育観、子どもの見方、接し方をストレートに伝えている。そのひと言をしっかり受けとめた名取さんの素直さ、誠実さが伝わってくる。これから、子どもの心にしっかり寄り添う保育士になっていってくれることだろう。

新人がのびのび保育できるように——先輩たちのまなざし

名取さんのこんな素直で前向きな姿勢は、じつは心強いサポーターに支えられていた。先輩でもあり、同僚でもある2人の担任だ。名取さんが自分らしく安心してのびのび保育ができるように、2人は話し合っていた。

てんとう組の保育がはじまった日の帰りのバスの中で瑠璃子さんは、清水さんに話しかけた。

「ねえ、清水さん、名取さんのことなんだけど」

何？　と瑠璃子さんを見る清水さんに、瑠璃子さんは話を続けた。

「私はね、彼女にああしなさい、こうしなさい、って言いたくないのよ。最初の1年は、保育園のやり方や生活の流れをくみとっていくだけで精一杯でしょ。先輩からいろいろ言われると、子どもを見るより、大人の目を気にしてしまうと思うの」

「たしかに、そうね。いろいろ言われると萎縮しちゃうものね」

「そう、私たちから言われてするのではなくて、彼女自身が気づいて、感じて、自分で吸収していってほしいと思うのよ。こうやって子どもに対応していったらいいんだとか、ちょっと子どもとのかかわりで悩んじゃったけど、これがよくなかったかなとか、こうやったらうまくいったとか、自分で学んでいくはずだから、できるだけ見守っていこうよ。見守っていたら危ないというところだけ言っていこう」

瑠璃子さんの話に「そうね。その通りよね。私もそれがいいと思う」と、清水さんは深くうなずいた。こうして、2人の大人のあたたかいまなざしに見守られながら、名取さんは新人保育士としてのスタートを切ることになった。

瑠璃子さんがこんな話をしたのは、過去の苦い経験があったからだ。瑠璃子さんは、この保育園に来る前、短い間だったが、他の保育園で新人保育士として働いた経験がある。そこでは、自分の思いは何も出せず、保育に対して抱いた疑問も胸の奥にしまいこんで、ひたすら周囲の目を気にしながら保育を続けた。今の保育園に来てからも、いったん身に染みた感覚からなかなか抜けだすことができなかった。この園では、自分の思いや意見を自由に出し合って保育をよくしていこうという文化があるにもかかわらず、当初は、周囲の目が気になって、どうしても顔色を見ながら合わせていこうとする自分がいた。だから、瑠璃子さんは、最初が大事だと考えている。認められ、のびのびと自分らしくいられることが、新人の成長に欠かせないし、それが、結局は、保育をよくすることになり、子どものためになるのだと。

さて、こんな先輩のまなざしを名取さんはどう感じていたのだろう。

「保育や子どものことは、昼とかによく話をしていましたが、かかわり方に対して、とくに何も言われなくてあたたかく見守ってくれていました。さっきのかかわりはどうだとか、こうしたほうがいいとか言われたことがなくて、全部あたたかく受けてとめてもらってるのを感じていました。これでよかったのか迷うことはけっこうあって、聞いたり話したりしていたんですが、そういうときも、いいとか悪いとか断定することはなくて、『うんうん、そうだったのね』と話を聞いてくれてたって感じでしたね」

2人の先輩の思いは、名取さんにしっかり伝わっていた。教えられるのではなく、自分で学んでいくという環境にあって、名取さんがしたことは、子どもと積極的にかかわること、そして、同僚の保育を見ること、そこから学ぶことだった。だから、自分で悩んで、課題が解決したり、子ども

絵本を読む瑠璃子さん。

との関係が変わってきたと感じるときの喜びはひとしおだ。さなえちゃんとのこんなエピソードがある。

5月15日　さなえちゃんと名取

記…名取

私の中で、さなえちゃんを（昼寝のとき）トントンすることはけっこう勇気がいることだった。さなえちゃんはなかなか自分の気持ちをうまく出せなかったり、大人との関係や、この人なら大丈夫という自分の中での安心感が築けていないとかかわることがむずかしく、4月は遊びや睡眠でかかわることが少なかった。さなえちゃんには、4月は安心して過ごすために清水さんを拠りどころにしながら過ごしてもらいたかった。5月になり、少しずつさなえちゃんとかかわる場面が増えてきて、「なとりさんキモイ」「ばか」などと言われながらさなえちゃんとかかわり、興味を持ってくれている証拠と受け取りながら過ごしていた。

そうして過ごしてきての昨日の午前中、テラスで泣きそうな顔をして1人でポツンとしていたさなえちゃんを見かけた。「どうしたのー?」と近づいてみると、外にかけてあるバッグを抱えて「ママがいい!」と泣きはじめた。最初どのように対応したらいいかわからなかったが、泣いて気持ちを発散するのもいいのではないかと思い、様子を見ながら抱っこをしていた。泣いていたさなえちゃんを心配して、りんごちゃんやそらくんが来て「ママくるよ!」と声をかけてくれた。そらくんが三輪車に乗って「おでかけいこ!」と誘ってくれたので、「さなえちゃんもいく?」と言うと、「うん」とうなずき、抱っこのままそらくんを追いかけた。そらくんが「おみせついたよ!」と言い、虹色トンネルでお店屋さんがスタート。私が「すいませーん、チョコパンくださーい」とお客さんになり、そらくんとやりとりしていると、ほくとくんやすみれちゃんも参加。さなえちゃんは最初参加せず抱っこだったが、そのうち膝の上に移動してきた。

　そして今日、午睡の際にさなえちゃんと1対1になって、少し抱っこしながらトントンしていたら、さなえちゃんがスーッと眠りに入った。その前までは「えほんよんで!」などおしゃべりしていたのに、自然に眠った。私はとてもうれしくて、清水さんにも「寝たね!」と言っていただいて、本当にうれしく思った。

　さなえちゃんと最初はどのようにかかわってよいかわからなかったが、4月~5月の間、いきなり距離を縮めるのではなく、少しずつ毎日かかわっていったのが積み重なって、さなえちゃんも少しずつ心を開いてくれたのだと感じた。これからもさなえちゃんとはいい距離感を保ちながら、いい関係を築いていきたい。保育は奥深くてやりがいがあると改めて感じた。

はじめて名取さんのトントンを受け入れたさなえちゃん。清水さんに「寝たね!」と言ってもらって本当にうれしく思ったという言葉に、新人としての初々しさだけでなく、子どもからも、大人からも認められたことへの喜びと充実感、そして、自信が込められている。

こうなるまでに、1ヵ月半の月日を要したわけだが、この毎日が大事だったことをふり返り、保育士としてのやりがい、奥深さをかみしめた名取さん。まさに、保育の主体者としての一歩を踏みだした。これからも、試し、考え、悩み、また試す、をくり返しながら成長していくのだろう。

そして、そんな名取さんの成長を見守りながら、瑠璃子さんと清水さんは、先輩としての喜びを感じていたことだろう。

拒否する姿も大事にしたい

さて、こんな先輩保育士も、年度のはじめは、子どもとの関係づくり、生活づくりに苦労するもの。とくに瑠璃子さんは、子どもにとっては新しい大人。お昼寝のトントンを拒否されたのは、名取さんだけではない。「トントンイヤだ、来ないで！」と言われることは、一度や二度ではない。食事のテーブルで、「きょう、るりこさん、どこにすわるの？」と聞かれて、「ここに座るよ」と答えると、「じゃあ、あっちのしーさんのところにすわろう」と子どもが行ってしまうことだってめずらしいことではなかった。そのたびに、瑠璃子さん、そりゃあそうよね。私だって、知らない人がそばにいるのはなんだかイヤだものと思い直した。それどころか、こんなに自分の気持ちをはっきり出す子どもたちに感心してしまった。そして、そんな子どもの姿を大事にしたいと思った。

ならば、自分は、どのように関係をつくっていこうか、このクラスの大人としてどのようなスタンスでいようかと瑠璃子さんは考えた。そして、得意なわらべ歌や人形劇などで、子どもが楽しいと思える時間をいっぱいつくっていこう。そして、いっしょにいて楽しい人だと思ってもらえるようになろう。とにかく、あせらず、一歩ずつと覚悟を決めた。だから、子どもが安心してかかわる大人の役割は、当面清水さんにまかせて、自分は、生活の中にどんな活動を入れていくかなど、1

大人はもぐりこめない人気スポット。

年後には幼児クラスになっていく子どもたちの今を充実させるための生活づくり、活動づくりを意識していこうと考えた。こうしてはじまったてんとう組。清水さんと瑠璃子さんの子どもとの遊び方のスタンスの違いがエピソードにあらわれている。

それでは、てんとう組の子どもと大人の1年をエピソードで追っていくことにしよう。

春 4月〜5月

てんとうむし組のスタート

新しい部屋・新しい大人

はりきる子どもたち

4月はじめ、部屋が変わって、一つ年長になった子どもたちは、なんだかはりきっていた。

4月4日　お片づけ　記…清水

朝おやつの前に「お片づけしよう!」と声をかけると、久しぶりに登園したみずきちゃんがはりきって片づけはじめる。布も器用にたたんでいる。それを見たすみれちゃん、ほくとくんも布をひっぱりだしてたたんでいて、思わず笑ってしまう。あんずちゃんは大人が「お願いしまーす!」とお手玉を渡すと「どこ?」と聞きながら片づけては、うれしそうに「次は~?」とまたやってくる。そんな様子にみんなもはりきってあっという間に片づいた。お片づけだけでなく、てんとうさんになってうれしくてさまざまな場面ではりきっている姿がある。プレッシャーにならないように、大人はのんびりと構えていきたい。

いつもの仲間と。

大人も、年度はじめは、気持ちを引き締めようと緊張してがんばってしまいがちだが、子どもたちも同じ。あこがれのてんとう組の部屋が自分たちの部屋なのだと思うとテンションが上がる。一つ年上になるということは、子どもたちにとって誇らしいことなのだ。

ここで、大人も舞い上がってしまっては、生活が落ち着かなくなる。清水さんは、ゆっくり、ゆっくりと自分に言い聞かせたのだった。

さて、子どもたちがみんなはりきっていたわけではない。環境の変化にとまどい、不安定になる子どももいる。

新しい環境へのとまどい

4月11日　りゅうせいくん　記…清水

朝の受け入れ時、ドーナツのメニュー表を持って「どれがいいですか?」と聞きに来てくれたりゅうせいくん。大人が選び、そばで父と離れられないほくとくんにも聞いてみた。今は気分がのらずに、「いらない！」とメニュー表を手で払ってしまう。それに怒ったりゅうせいくんは、ほくとくんのことをかもうとする。断られて払われたことがイヤで、気持ちがおさまらなかったのだろう。その後もだれかと物の取り合いや言葉のやりとりの中でちょっとしたズレがあると、たたこうとしたり気持ちをぶつけないと気がすまない。その都度大人が入っているが、止められることもショックだし、イヤな気持ちになるのだろうなと感じる。新しい生活や新しい大人にまだ緊張もあるようだ。安心して過ごせるように気にかけていきたい。

4月当初、子どもの心の安定を一手に引き受けることになった持ち上がり3年目の清水さん。慎重派で、新しいことに慣れるのに時間のかかるりゅうせいくんを気にかけていこうと心に誓ったのだった。

そして、1ヵ月後の5月のりゅうせいくんの落ち着いた姿を新人の名取さんがエピソードに残している。新しい大人だった名取さんとも、なかなかいい感じになっている。

5月24日　りゅうせいくんとりんごちゃん

記…名取

午前中、お散歩から帰って来てみんな裸になってベビーバスに入った。りゅうせいくんとりんごちゃんもベビーバスに入り気持ちよさそうだった。私が「ずーっと入ってると風邪引いちゃうからそろそろ出るよ」と声をかけると、りゅうせいくんが出てきた。私がりゅうせいくんの体を拭いていると、まだベビーバスに入っていたりんごちゃんにやさしく「りんごちゃん、もう出るんだよ。ずっと入ってると

風邪引くんだよ」「ね！」と言っていた。りんごちゃんもそれを聞いて「はい」と答え、出てきた。今までだと、りゅうせいくんは自分が違うと思ったことや〝ダメ！〟と思うと、手が出たりしていたが、やさしく話しかけていて、少しずつ友だちとのかかわり方を自分なりに考えて、わかってきているのだと感じた。りんごちゃんも私の声かけでは出なかったが、りゅうせいくんが声をかけると素直に出た。子ども同士のほうが響き合えることもあるのだと改めて感じた。これからも大人がりゅうせいくんにていねいにかかわり、友だちとぶつかった際は、大人が間に入り橋渡しをし、伝えていきたい。

クラスの大人たちが、りゅうせいくんを気にかけてていねいにかかわっていくなかで、りんごちゃんに対するやさしく落ち着いたかかわりが生まれてきたのだろう。大人の普段のかかわりが伝わっていると感じる場面に出会うことはうれしいことだ。がんばろうというモチベーションになる。それにしても、朝の楽しい散歩のあとにゆったりとお風呂に入れば、気持ちがよくなって、友だちとのかかわりも変わってくるのだろう。こんな心地よい時間をつくっていくことも、大人の力の見せどころなのかもしれない。こうして、りゅうせいくんと名取さんは、仲よしになっていく。じっくりかかわってみると、その子の思いや考えがよくわかる。次は、名取さんの子どもも理解が深まったエピソード。

5月30日　りゅうせいくん

記…名取

外遊びの際に、りゅうせいくんと1対1で遊んでいた。「三輪車に乗りたい！」と言って、見に行くが一台もなかった。「ないなー!」と言って考えるりゅうせいくん。私は「使っている友だちにかしてって聞いてみる?」と聞くと「うーん」と言って近くにあったフラフープを取ろうとする。私は興味が移ったのかと思っていたのだが、そのフラフープを電車にして「名取さんも乗って」と言った。りゅうせいくんは三輪車は乗れないけど、フラフープがあるから電車ができると考えたのかなと感じ、感心してしまった。

フラフープを電車に見立てようとひらめいたりゅうせいくん。三輪車がダメでも、ちゃんと代案を考えている。どう遊ぼうか、どうしたら楽しくなるか、子どもの頭の中はフル回転だ。だから、大人は、子どものほうから何かが出てくるのをちょっと待っていたい。

ぶつかり合い炸裂

言葉を武器に

新しい生活が軌道に乗るのには時間が必要。春は、大人も子どもも手探りでなんとなく落ち着かない。そんなかで、子どもたちのぶつかり合いも一気に上昇。やはり、原因は、ものの取り合いや、思いのズレ。遊びたいもの、したいことがますます明確になってきた子どもたちは、しっかり主張する。これは、みつばち組のころから変わらない。でも、ぶつかり合いの仕方、その後の展開

が変わってきた。

4月3日　しおんちゃんとさつきちゃん

記…清水

みつばち組でごっこ遊びが盛り上がっていた冬のころから、よく遊びでつながっていたしおんちゃんとさつきちゃん。てんとう組へ移行してから、その関係もより強くなりお互いに名前を呼び合って誘い合い遊んでいる。しかし最近、やりとりの中で何かうまくいかないとか、ぶつかってしまったなどのちょっとしたお互いのズレでしおんちゃんが怒り「もう遊ばない！　知らないからね！」と強い口調でその場から去ろうとする。さつきちゃんは負けじと「さつきちゃんは遊ぶからね！」と言い合っていた。

夕方も同じような場面になり、しおんちゃんはゆずらず、ついにさつきちゃんが泣いてしまった。大人が橋渡しするが、なかなかそれぞれの気持ちはおさまらない。他の遊びをはじめることでまた仲よくなっていったが、こういう場面が今後増えていくのだろうなと思うので、ていねいに見ていきたい。なんだかてんとうになってグッとやりとりの中身が成長し複雑になってきたなと感じた。

思いをぶつけ合い、激しく言い合う2人。月齢が高く、おしゃべりが上手な2人の口ゲンカだ。言葉をぶつけ合う様子は、てんとう組になってだいぶ変わってきた。

「同じ口ゲンカでも、自分のイヤな気持ちを素直にぶつけるんじゃなくて、〝もう遊ばないからね！〟〝知らないからね！〟っていうふうに、相手がイヤな気持ちになる捨てゼリフみたいな言い方をするようになったので、びっくりしたんですね。こんな言い方するようになったんだって、なんだかやりとりが成長したような感じ。自分が優位に立とうとするような気持ちが芽ばえてきたのかなって思いましたね」と話す清水さん。相手に一撃を与える言葉を駆使しはじめた2人を見て、子どもの発達に目を見張る。困ったなと思うのではなく、すごいなと目を見張るところが、てんとう組の大人。

たしかに、言葉は武器にもなってきた。でも、まだまだ、ぶつかり合いは、言葉だけで終わることは少ない。目が離せない日々は続いている。

腹をくくる保育士

そんな中で、大人が少しかかわれば、子どもたちの間で新たな展開がくり広げられる。

4月13日　記…松浦

わんにゃん公園のスプリングのついたゆれるカメの遊具で遊んでいたさなえちゃん。そこへあやめちゃんもやって来たが、すぐにゆずってもらえず、さなえちゃんの顔をパチン！　とたたいて泣かせてしまう。お互いに思いを代弁しながら、これはしばらくゆずってもらえないだろうなと予想する松浦。しかしさなえちゃんは気を取り直してカメに少しだけ乗ると、さわやかな表情で「はい、乗っていいよ！」とあやめちゃんにゆずった。私だけでなくあやめちゃんも意外だったようで、目を丸くして輝かせながら「ありがとう！」と言い、喜々としてカメにまたがった。少しすると、すみれちゃんがやってきて乗りたがるが、あやめちゃんは「乗せてあげないもんねー」なんて言いながらちょっと得意そうな顔。これはかわるまでに時間がかかるかも……と松浦が思った瞬間、「はい！　どうぞー」とあやめちゃん。言葉にならない感嘆の声をもらす、すみれちゃん。かくして、松浦の予想を覆した女の子たち。いつもこんなにやりとりがうまくいくわけではないが、こうして気持ちよくかかわり合えたことが心に残っていくことで、次に同じような場面に出会った時、期待を持ったり、前のことを思い出してゆずり合ったりといった心の動きにつながってくるのではと感じた。

交代とか順番といったルールが子どもたちの中に定着しつつある。瑠璃子さんが、『これは、時間がかかるぞ』と腹をくくったことが、子どもにゆとりを生んだのだろう。だから、急がないことだ。子どもは、そこで考え、自分で気持ちを切り替えていく。そして、心地よいかかわりは、記憶に残り伝わっていく。

記…名取

ぶつかり合いを回避するゆとりと間

ちょっとした間が、ぶつかり合いの回避に導くことがある。

4月9日　鬼

朝の時間、みつばちからてんとうに移ってきて、そらくんとれおくんがおもちゃの取り合いっこ。手

が出る！　と思い、近くに寄って「どうしたの？」と聞くと、急に、そらくんが「あっ鬼！」と言って頭の上にツノをつくった。するとれおくんも「鬼？」と言ってツノをつくった。それから2人は笑顔になって、おもちゃの取り合いはなかった。2人はとても「鬼」が好きで、合言葉のようだったので見ていてほほえましかった。

節分から2ヵ月以上経っていたが、保育園に突如現れた鬼のインパクトは強烈で、子どもたちの頭から離れず、鬼に変身する遊びに発展して、いまだにてんとう組の子どもたちの間で流行していた。

一触即発の瞬間、「どうしたの？」の名取さんのおっとりした問いかけに、そらくんのイタズラ心が反応した。そらくんの「鬼」への変身が、場の空気を一変。緊張感は、一気にゆるんで笑いとなった。大人のかかわりは、解決するためではなく、子どもに考えるゆとりを与えるためなのかもしれない。

遊具やおもちゃの取り合いが、こんな楽しい終わり方をすることもあれば、心和むステキなかかわり合いが生まれてくることもある。

4月19日　ほくとくんと三輪車

記…清水

庭へ出るとまず三輪車を取りに行くほくとくん。でも3台しかない小さい三輪車がすでに乗られてしまい大泣きしてしまう。「じゅあ、おわったらかしてもらおうね」と話して、どうにか気持ちが落ち着いた。庭へ出るとやはり三輪車が気になり乗っている子のところへ行っては「いい?」と聞き、「ダメ!」と言われるとたたいてみたり、泣いて気持ちを表現したりしていた。

するとその姿にさつきちゃんが気づいて「いっしょに探しに行こうか!」と手を引いて駐車場へ向かっていく。途中、引き車を見つけて手にしようとするほくとくんに「きいてみよ!」と幼児の子にも声をかけるさつきちゃん。かしてもらえず駐車場へ行くが、ないことがわかると「別のところ、探してみる?」「かしてもらおうか!　ね!」と話していた。最後はさつきちゃんも三輪車に乗りたくなってしまい、そこで三輪車を探すのは終わってしまったが、友だちのために自分より大きい子に声をかけたりやさしく接するさつきちゃんの姿がとてもたくましく見えた。友だちに声をかけてもらえたほくとくんも気分が変わっていた。

クラスの仲間の窮地に、頼もしいおねえさんになるさつきちゃんの余裕ある姿。これまでぶつかり合いをたくさん経験し、たくさん見てきた子どもたちだ。その時の大人の対応が身についている。困っている子や泣いている子に気づくと放ってはおかない。無関心という言葉は、てんとう組にはないようだ。

ぶつかり合いは、いろいろなドラマを生みだすけれど、やっぱり、大人としては、できれば避けたいこと。一日中、ぶつかり合いの対応に追われるより、おだやかに気持ちよく過ごしたい。そんな思いが、大人に先手を打たせる。

4月20日　れおくん

記…清水

『じどうしゃ博物館』というホールにある絵本が好きなれおくん。今日は朝の合同の時間に、1歳児クラスにその本を見つけてかしてもらい、2歳の部屋で読んでいた。ホールへ行くと毎回2人の取り合いになるので、ほくとくんが登園したらどうなるかな？　と思い、「この絵本、ほくとくんも好きなんだよね！」と話してみた。さらに「ほくとくん来たらいっしょに見たいって言うかもね！」とつぶやくと、れおくんは「いいよ！」と返事をして、その後も大切そうに持ち歩いて遊んでいた。ほくとくんが登園すると走っていき「どうぞ！」とかしてあげるれおくん。大人の言葉がずっと残っていたのだろう。「いいよ！（したんだよ）」と大人に得意気にアピールするれおくんの姿がとても印象的だった。ちょっと先まわりしすぎて声をかけたかな？　とも思ったが、うれしそうな2人でその後取り合う姿はなかった。

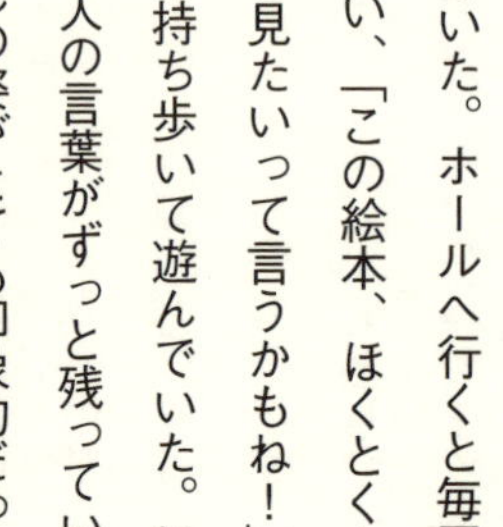

『じどうしゃ博物館』
高島鎮雄 作、真田勇夫 絵
福音館書店（品切れ）

まさに、先手必勝。大人の言葉が予想以上に子どもに届いていることを知った清水さん。「いっしょに見ようね」とか「かしてあげようね」という言葉かけではなく、「ほくとくんも好きなんだよね」「いっしょに見たいって言うかもね」という何気ない言葉が、れおくんの自発的な行動を生んだ。指示や強制ではなくて、ふっと友だちのことが頭に浮かぶような言葉かけ。気持ちが落ち着いているときに声をかけてもらって、れおくんは心の準備ができたのだろう。保育は、意図をもって行う行為だ。先まわりしすぎかなと思ったかもしれないが、子どもたちが心地よく過ごすために、大人は考えながら保育をする。

いざというときは連帯

ぶつかり合いは多いが、その分、つながりが一層強くなっている子どもたち。困ったことがあれば、みんなで力を合わせる。

5月14日　来ないで！　って言ってみる？

記…清水

朝、テーブルを5、6人の子たちが囲んでひも通しをして楽しんでいた。すると小さな虫が飛んできたようでイヤがる子どもたちだった。そこできよみちゃんが「来ないで！」と天井に向かって言っている。「どうしたの？」と大人が声をかけると「虫が来たからね、あっち行って！　来ないで！　って言ったの。きよみちゃんかっこいいんだよ！」と得意気に話した。その後もその場にいたすみれちゃん、さなえちゃん、さつきちゃん、あんずちゃんといっしょに「来ないでー！」と天井に向かって言っていた。以前なら「虫やだーこわい！」と助けを求めていたが、そんなふうに気持ちを切り替えて言えるっていいなと思うし、友だちとおしゃべりしながら盛り上がるのに成長を感じた。

大人がいなくても、子どもだけで力を合わせて、虫に立ち向かう頼もしい姿。5人の女の子たちが天井をにらみつけて、叫んでいる姿は圧巻。女子軍団強し。

一つひとつの行動には意味がある

泣いて終わりにならないのが、てんとう組。泣かせてしまった子にも思いをはせる。その思いが相手には伝わらなくても、あきらめず、翌日にまでその思いを持ち続ける。こうして、記憶が続いていくことを実感する大人。記憶がつながり、子どもの一つひとつの行動が深い意味を持つようになっていくことを大人は子どもから学ぶ。

4月25日　チェーンどうぞ

記…松浦

昨夕、りゅうせいくんが使い終えたお鍋とチェーンで遊んでいたれおくん。それに気づいたりゅうせいくんが取り返しに来たことでケンカになり、りゅうせいくんが泣きだした。すると、れおくんがおもちゃのカゴから黄色と白のチェーンを取りだしてきて、りゅうせいくんに「どうぞ!」と差しだした。しかし、泣きじゃくるりゅうせいくんは受け取らない。またおもちゃのカゴをのぞきに行って、今度は緑色のチェーンを差しだすが、受け取ってもらえなかった。そこにお迎えが来て、れおくんは帰った。

そして今日の朝、りゅうせいくんが登園すると、先に来ていたれおくんがチェーンを「はい、どうぞ!」とりゅうせいくんのところへ持ってきた。いきなりのことで、キョトンとするりゅうせいくん。そこで

松浦が「れおくん昨日りゅうせいくんがチェーン欲しくて泣いていたのを覚えていて、持ってきてくれたのかもよ」と推測して伝えた。そこで記憶がつながり、うれしそうにチェーンを受け取ると、ままごとをはじめたりゅうせいくん。れおくんもどこか誇らしげだった。今日のことが松浦の推測通りかはわからないが、りゅうせいくんのために何度もチェーンを持ってきたれおくんの思いがあたたかい。

瑠璃子さんの推測は、おそらくあたっていると思う。人の行動には、その人なりの意味があって、それらが一つの織り目のように編み込まれてその人の物語が紡がれていく。記憶がつながり、自分の物語を紡ぎはじめた子どもたち。れおくんの思いは、大人を介してりゅうせいくんに伝わり、心地よい経験として物語の一日になった。

因縁の2人。お互い気になるからこそ、ぶつかり合いも多い。大人は、火はできるだけ小さいうちに消し止めたいと思う。だから、なんとか気持ちをそらそうとするが……。

5月10日　れおくんとりゅうせいくん

記…清水

ほくとくんとれおくんが清水の膝に座り、絵本を読んで絵を見ながら盛り上がっていると、子どもたちが次々に集まってきて絵本をたたいたりさわって食べるマネなどしてやりとりを楽しんでいた。りゅうせいくんもやってきて手を伸ばすとれおくんにぶつかってしまう。れおくんが「痛い！」と怒ってひっぱると、怒ったりゅうせいくんもくやしくて、ひっぱり合いになる。大人が止めるがそれぞれに気持ちがおさまらない。大人がまずは気分を変えてからにしようと思い、絵本の話をして少しずつ落ち着く。そこからもう一度それぞれに話をしてなんとか伝わったかなという感じだった。その後れおくんは、なんとなく腑に落ちない様子で朝おやつに向かう。するとたまたま隣に座ったほくとくんとの間にあったイスの取り合いになり、「ほくとくんのところに座りたい！」「いっぱいがいい！」といろいろと主張して、ほくとくんの髪の毛をひっぱり無理やり入ろうとする。れおくんの中で、少し前のやりとりでスッキリ納得とはならなかった気持ちがそんなやりとりにつながってしまったんだなと反省する。きっちりと納得できない結果になっても、れおくんの思いには耳を傾け、曖昧にならないように受けとめていきたいなと思う。

スッキリしないまま終わってしまったぶつかり合い。れおくんは、イヤな気持ちを引きずっていた。派手なぶつかり合いが避けられたとほっとした清水さんだったが、地下に押し込められた思いのほうが根深いことを気づかされる。子どもの気持ちは、もうごまかせなくなってきた。清水さんは、ほくとくんとのぶつかりが、その前のりゅうせいくんとのぶつかり合いに起源があったことに気づいた。向き合うことで子どもは大人を成長させてくれる。

子どもは考える主体者

2歳児と言えども、子どもは、感じ考えている。子どもは考える主体者だ。子どもの力を信じ、考える時間を十分につくることが大事だと子どもの行動を通して、大人は学ぶ。

園より——ほくとくんなりにいろいろ考えているんですよね～。思わず笑ってしまうこともありますが……。今日は外に出てすぐに「ダンゴムシさがす！」と大はりきり。バケツ片手に幼児テラスからてんとうむし組の前まで隠れていそうな所はぜ～んぶ見てまわるほど。見つけるとバケツに入れ「せみ（組）さんのところ（カゴ）に入れてくるね～！」とプレゼントしてましたが。（岩岡）

5月25日　きよみちゃん――お昼ごはん　　記…名取

お昼ごはんを食べる際に、座りたかった席にそらくんが座っていた。座ろうとするきよみちゃんをそらくんが押したので、きよみちゃんは全部がイヤになって泣いていた。近くにいた名取に助けを求めてきたきよみちゃんの話を聞き、座りたかったたね、押されてイヤだったたね、と全部をまず受けとめる。「空いている席を探しにいこうか」と言うと、泣きながらも「うん」とうなずく。そして、席を見つけて座った。しかし、今度はエプロンをつけるのがイヤで、エプロンに八つ当たり。投げてつけずに「イヤだー！」と言ってまた泣いてしまう。そのうち、気持ちが落ち着いたのか、エプロンを拾って自分でつけようとし、私が手伝い、そこでスッキリしたのか、楽しそうに、さなえちゃん、さくらちゃんとごはんを食べていた。まわりの大人に自分の気持ちを出しながらも、自分で気持ちを落ち着かせていた。その後も悲しかった気持ちを引きずらずに、切り替えていた。エプロンでのかかわりで、まわりの大人が無理矢理つけなさいという声かけもしなかったのが、きよみちゃんにとっては自分で考える時間もでき、少しずつ落ち着けたのだと感じた。

自分の思いが一段と大きくなってきた子どもたちにとって、大人が自分の気持ちを受けとめてくれただけでは、すぐには、気持ちはおさまらない。イヤな気持ちを外に吐き出す。エプロンに当たって、「イヤだー！」と叫んで発散する。こんな行動、大人でも身に覚えがありそうだ。

時間とゆとりの大切さ、そして、子どもの切り替える力を知った名取さんだった。

次は、子どものイタズラから学んだエピソード。やはりこれも、ゆとりと、少し長い目で見守る

資料　ほくとくんの連絡帳（5月10日）より

家庭より――「あのね、みずきちゃんがこうやってころんじゃったのー。ここ（ひざ）ちーでちゃったのー。えーんってないちゃったのー」ととても心配していましたが、真実は……⁉　帰宅後も余裕のある感じでした。自分の思いが否定されると大泣きですが。例えば湯船に入りたくなくて「おふろ、くさいのー」。朝からおやつがたべたくて、「ワーン」。「ヨーグルトならいいよー」と言うと「よーぐると、こわいのー」。いろいろな場面が出てくる、○○こわいシリーズ、泣くためにいろいろ怒る言葉がムチャすぎで笑えます。「かべ こわいのー」とか（笑）。

ことの大切さを教えてくれる。大人の言葉を子どもは、ちゃんと聞いている。

5月8日　イタズラからの学び　記…松浦

芝生の苗が庭に植わっている。養生のために立ち入らないようロープで囲っているが、そのロープが張られた当初、何度も中に入っていたすみれちゃん。大人が「そこには入らないよ」と伝えても大人が見ていない隙に入ってみたり、大人と目が合うとニヤっと笑って入ってみたり、すみれちゃんのイタズラ心がくすぐられる場所だった。あれからしばらくの今日、池成さんがホースで水まきをしていると興味津々で近づくすみれちゃん。しかしロープは越えずに「ここ、入っちゃダメなんだよね」「入らないんだよね」と松浦に話した。さんざんロープの中に入っていたすみれちゃん。イタズラ心が満たされて〝ここは入らないところ〟ということに納得でき学んでいったのかなと思う。

キーワードは、時間（ゆとり）、子どもの納得、満足、そして、大人の見守る姿勢。

時には、がまんも必要。しかし、がまんは期待の裏返しだ。がまんではなく、期待して待てるようになりたいものだ。

コラム⑤　こわいこわい節分の、そのあとは……

4月9日の「鬼」（131ページ）は、おもちゃの取り合いになり、手が出る寸前にそらくんが鬼のマネをして、それを見たれおくんも鬼になって笑い合って終わるエピソードだ。

毎年、節分の日には、保育園に鬼がやってくる。幼児クラスをくまなくまわり、部屋の中で暴れまわったあと、園庭に出て、ちょうちょ組（0歳児クラス）をさけて、外から、みつばち組とてんとう組のところにもやってくる。乳児クラスの横の中庭にやってきた鬼は、テラスに近づくと「うお～、鬼だぞー！」と雄叫びをあげ、ドスン、ドスン、ダダダーッと去っていく。だから、その日は、ちょうちょ組だけが平和で、他のクラスは、恐怖と緊張感に包まれる。

てんとう組の4月の子どもたちが思い浮かべる鬼は、みつばち組で、生まれてはじめて出会った鬼の姿だ。「鬼が来た日は衝撃で、みんな大泣き。乳児の部屋には入ってこないんですよ。テラスからちょっと見えるくらいなんだけど、中庭にいるのが見えると、みんなおもちゃ箱の後ろに隠れたりして、私が〝もう行っちゃったよ〟と言っても、出てこれなくて」と思い出しながら清水さんは、笑いがこみあげてくる。

保育園に鬼が来たニュースは、保育園便りのトップニュースとして大きな写真入りで保護者にも伝えられた。れおくんは、園便りが出た翌日に、それをもってきて、登園するなり、「ねえ、みて。鬼、鬼、鬼」と、写真を指さして部屋にいるみんなに見せてくれた。その後数日間は、毎日園便りを持参し、登園の早い子どもたちとみんなでお便りを囲んで鬼の写真を見て、「こわいね～」と語り合うのが日課のようだった。

こんな、印象深い鬼は、ごっこ遊びに発展していった。大人が鬼になって、「鬼だぞー」と脅かすと、子どもたちは、「きゃー」と走ってダンボールのついたての後ろに逃げていき、ちょっと顔を出しては、また隠れるという遊びをくり返した。れおくんは、そのうち、ついたての反対側に来て、鬼役になったりしていた。

鬼好きの子どもたちだが、やっぱり実物はこわい。それは、幼児になった今でも同じ。それどころか毎年経験を積むほどにこわさが増してくるようだ。今日は、鬼が来るぞと考えただけでも、涙が出てきてしまう。今年の鬼は格別こわかった。鬼が部屋から立ち去ったあとも、また舞い戻ってくるかもしれないと心配になってきて、みんなで園庭の隅に隠れることになった。担任が泣きじゃくる子どもたちを先導して、園庭の畑の隅に避難した。そのときの様子を見ていた他のクラスの大人は、「何事かと思いましたよ。そらくんなんか、号泣していた。れおくんもそうだし、さつきちゃんも、すみれちゃんも、本当に、みんな泣いてましたよ」。感受性が強く、感情が豊かなのは、今も同じ。

夏
6月〜8月

続く思い・続く遊び

今日も新たな個性が光る

新しい部屋で、新しい大人との生活がなめらかに進みはじめた。手探りだった子どもとの関係が安定してきて、安心してかかわれるようになった。そんな中、大人は、一人ひとりの子どもの個性を理解し、日々変わっていく子どもの姿を楽しむ余裕が出てきた。

「教える」より「体験」を大切に

ここで、すみれちゃんのエピソードを一つ。瑠璃子さんが、2歳児らしいと考えるエピソードだ。

6月14日 すみれちゃんとダンゴムシ

記…松浦

夕方、清水さんとダンゴムシを探して見つけたすみれちゃん。よほどうれしかったようで、何回か松浦のところに来て「すみれちゃんね、ダンゴムシみつけたの～」と見せてくれた。何回目かに見せに来てくれたすみれちゃんは、それまでのように丸まったダンゴムシを手のひらに乗せるだけでなく、人差し指でさわってみたりもしていた。親指と人差し指で器用にダンゴムシをつまむこともできた。そして、「あ、ダンゴムシ、2こになった！」とすみれちゃん。彼女の左手にはダンゴムシの体の半分、右手にはダンゴムシの体のもう半分が……。

松浦「あー……。ふたつに、なったねぇ……」と、次の言葉が出て来ない。すみれちゃんも、なんとなく雰囲気を察したのか、横にいたれおくんに「ポイする？」とたずねるが、れおくんは事態が飲み込めず無言のまま。すみれちゃんは「ポイしようか！」と自分で結論を出して芝生の前にしゃがみこみ、「ポイっ！」「ダンゴムシさん、ばいばーい」と両手を振ってお別れ。それから松浦の方にふり返って、あっけらかんとひと言「こわれちゃった！」。これが〝ザ・2歳児の虫とのかかわり〟と感じた。残酷なようにも思えるが、こうしたことのくり返しで、だんだんと命のはかなさを感じていき、慈しむ気持ちが子どもたちの中に記憶されていくのではないだろうか。

うれしさのあまり、思わず力が入りすぎたすみれちゃん。瑠璃子さんの絶句する様子を見て、元には戻らないこと、どうやら残念な結果になってしまったことを察して、「直して」ではなく、「ばいばーい」というお別れの言葉になったのだろう。

子どもは、体験を通して学んでいく。虫や生き物の扱い方も、かかわりながら覚えていく。『かわいそう』という言葉をぐっとこらえた瑠璃子さん。「命を大事にしようというようなことは言いたくなかったし、この年齢だとまだわからなくて当たり前だし、経験を積むうちに自分でかわいそうだなって思うようになると思ったので、何も言わなかったけれど、絶句してしまいましたね」とふり返る。瑠璃子さんは、とがめたり、言い聞かせたり、教えたりするのではなく、まずは、子どもの体験を大事にした。すみれちゃんに、その思いとまなざしは十分届いているはず。すみれちゃん、次にダンゴムシを見つけたときは、きっともっとやさしく扱うようになっていることだろう。

こうして、子どもも大人も日々学びの連続だ。それは、体験が増えていくことの証拠でもある。そして、子ども同士のかかわりも、一層濃密に、複雑になっていく。

月齢の違いを乗り越えて

まだまだ月齢による発達の違いが大きい2歳児。その違いが、子ども同士のかかわりをおもしろくしてくれる。そして、このころから、月齢の高低とはかかわりなさそうな姿も出てくるようになってきた。

6月22日　自分も大事、友だちも大事

記…松浦

朝、イスを並べてその上に立ち、ボールを投げて遊んだ子どもたち。途中「かんなちゃんもやりた

かったー!」とかんなちゃんがすみれちゃんに向かっていこうとしたのを、きよみちゃんが立ちはだかって止めた。きよみちゃんに押し退けられて尻もちをつき、声をあげて泣くかんなちゃん。「かんなちゃんもおイスー!」と泣いて訴える姿に、きよみちゃんは落ち着いて「おイス欲しいのよね」と話す。「おイスー!」と返事するかんなちゃんに「ちょっと待ってて」と声をかけて、新しくイスを持って来て「これ、使っていいよ」ときよみちゃん。自分やすみれちゃんのイスも守りつつ、かんなちゃんのイスを用意する姿に、自分も友だちも大事にしているきよみちゃんの姿勢が感じられて、すごくいいなと思った。

大人が見守る中で、子どもだけで展開していったこの場面。おねえさんグループのきよみちゃんのナイスフォロー! 大人顔負けの対応だ。まずは、かんなちゃんの気持ちを代弁、そして、かんなちゃんの思いをくみつつ、みんなで遊べるようにした。自分も大事、友だちも大事。大人の日々のかかわりが、鏡のように子どもの行動のなかに映しだされる。

これまで、大人に自分の思いを言葉にしてもらってきた子どもたちは、友だちの思いを言葉にして寄り添う。でも、それは、月齢の大きな子どもの専売特許だった。ところが……。

7月10日

記…松浦

りんごちゃん、みずきちゃん、かんなちゃんの3人で動物の絵本を見ていた時のこと。「たたかないでー!」とかんなちゃんが、みずきちゃんの手をつかんでかみつこうとした。松浦が止めに入りケガにはつながらなかったが、「ガブやだったー！」とショックで大泣きのみずきちゃん。するとりんごちゃんが「やだったね」「痛かったの？」「本、ペンしたんだよね。かんなちゃん（を）たたいてないよね」とみずきちゃんの気持ちや行動を言葉にして気遣う。今まで泣きじゃくって言葉にならなかったみずきちゃんも「蛇がやだったのー」と蛇のページをたたいたことを教えてくれた。りんごちゃんが「こわかったね」「もう（かんなちゃん）行っちゃったから大丈夫」となぐさめて「いっしょに見よう」と絵本に誘う。みずきちゃんの涙も止まり、２人でゆったりと絵本のページをめくった。

りんごちゃんはクラスで2番目に月齢が小さい。一方、みずきちゃんは、クラスで一番おねえさん。これまでは、りんごちゃんたち月齢の小さい子どもの気持ちを言葉にしてなぐさめる役だった。ところが、立場が逆転。今や、小さなりんごちゃんは、泣いているみずきちゃんの代弁者だ。

それはそうと、1人で立ち去ったかんなちゃんのことが心配になる。いったいどこに行ったのだろう。どんな気持ちなのだろう。手段はとにかく、友だちが、絵本をたたくのがイヤだっただけなのだから。でも大丈夫。当時のことを聞いてみたら、その後、瑠璃子さんは、去って行ったかんなちゃんをフォローしたそうだ。かんなちゃんも自分の思いをしっかりと受けとめてもらえてよかった。

りんごちゃんのエピソードをもう一つ。やはり、おねえさんグループのしおんちゃんとのやりとりの場面だ。

8月21日　りんごちゃんとしおんちゃん

記…名取

朝、てんとうの部屋で、私の膝にりんごちゃんとしおんちゃんが座る。りんごちゃんが自分の服についていたビーズをアメに見立てて、しおんちゃんに食べてもらおうと「はい、どうぞ」と言ったが、しおんちゃんはきつい口調で「いらない」。りんごちゃんの目に涙が浮かんできて、あふれ出した。りんごちゃんとしおんちゃんの両方の気持ちを伝え合うが、りんごちゃんはしおんちゃんに食べてほしくて泣けてしまう。しおんちゃんは、「いらない」と自分の気持ちをはっきり伝える。それからお互い別々に遊んでいて、私がりんごちゃんと遊んでいたら、そこにしおんちゃんが来て、りんごちゃんに何気なく「アメ、ちょーだい」と言った。りんごちゃんは最初「ん？」という顔をしていたが、思い出したようで、ニコニコして、「はい、どうぞ」と渡す。しおんちゃんも心のどこかでりんごちゃんのことが気になり、引っかかっていたのかもしれない。その後2人とも、とてもスッキリしていた。

「(アメ) いらない」というのは、そのときのしおんちゃんの気持ち。だから、「いらない」とはっきり言葉で表現することは大事なことだと大人は受けとめる。

しかし、それで終わりかと思いきや、しおんちゃんは、りんごちゃんの涙が気になっていた。そして、自分の気分が変わったとき、りんごちゃんの思いを受け入れようとやってきたのだ。

まだ、2歳だけれど、子どもは、その場その場で生きているわけではない。記憶はつながっている。しおんちゃんは、そのときには受け入れられなかったりんごちゃんの思いをちゃんと覚えていて、時間を置いて応えようとした。りんごちゃんも思い出して、しおんちゃんの気持ちを快く受け入れた。

子どもの思いは続いている。ぶつかり合いをその場で解決してしまおうと考えるのは、大人の都合かもしれない。子どもの中で続く思いを大事にしたい。

楽しいことはとことん楽しむ

思いもそうだが、遊びも時間を越えて続くようになった。単発で終わらず、「また、明日しよう」「お昼寝が終わったら続きをしよう」と期待感いっぱいに一日を過ごすようになってきた子どもたち。子どもの成長の中で、遊びのブームが生まれる。

7月18日　泥だんごづくりブーム!!

記…清水

先週の木曜の夕方、砂場でかぶとさん（5歳児クラス）がサラサラの砂を集めるところからはじめて泥だんごづくりをしていた。それを見ていたしおんちゃんも同じようにサラサラ砂を集めて上手な泥だんごをつくった。しかし片づけの時にこわれてしまい「明日もつくろう！」と約束した。ずっと覚えていたしおんちゃんは「おだんごつくろう！」と朝から誘いに来る。その日の夕方も、週明けの昨日もプール後に砂場で大事なおだんごに砂をかけてツルツルにしていた。それを見ていた、みずきちゃん、さつきちゃんもいっしょになって楽しみ、どんどんメンバーが増えていく。今日はおだんごを入れるビニー

ル袋を持参して登園するさつきちゃん。プール遊びを終えるとサッと着替えて砂場に向かい泥だんごをかたくすることを楽しんでいた。ごはんの時間もはじまり「また夕方やろう！」と提案すると、なんとか気持ちが切り替わり「夕方やろうね！」と楽しみにしている子どもたちだった。今、とっても楽しい泥だんごづくり。幼児のように丸くてかたいだんごをつくる子どもたちの技術に本当に驚いてしまう。

5歳児の遊びにあこがれて、挑戦する子どもたち。こわれてもめげずに、明日もまた挑戦。手先が器用になったこともさることながら、こんなにも長く気持ちを持ち続けられるようになった。きっと、頭の中を泥だんごでいっぱいにして、毎日ワクワクしていたことだろう。

大好きなプールとの再会

いよいよ水遊びのシーズン到来。前年の夏は、心ゆくまで水を満喫した子どもたち。今年は、プールに入る前の水浴びの時点で、もうみんな大興奮。子どもの行動は大胆さを増す。

7月5日　勇気を出して……ジャバーン!!　記…名取

れおくんが瑠璃子さんにバケツで頭からジャバーンとかけてもらい、それが楽しくて「もういっかい！」とやってもらう。その後、瑠璃子さんが園庭に向かい私がバトンタッチ。何回もれおくんの頭に水をかけていると、あんずちゃんとしおんちゃん、ほくとくんが興味津々！　とても楽しそうなれおくんを見て「あんずも！」と言ってあんずちゃんもジャバーン！　しおんちゃんは、「しおん、やらない！」と言っていたが、表情はニヤニヤで体もウズウズ。少しすると「しおんも！」と言ってしおんちゃんもジャバーン！　水が苦手なほくとくんまで「ほくとも！」と言ってジャバーン！　みんな大笑い。子どものやってみようという力はすごいなと感じた。子ども同士で刺激し合いながら、少しずつ苦手なことも克服できるのがステキだなと感じた。

そして、最初は、ちょっと水がこわかった新人さくらちゃんも、今やプールのとりこだ。楽しみ方もなかなか豪快。

7月24日　プールが楽しい！

記…清水

プールがはじまったばかりのときは、大きなプールの雰囲気が苦手だったさくらちゃん。水着はうれしくて着替える時はやる気満々だが、入る時は引けてしまい庭へ行ったりまわりから様子をうかがっていた。大人が誘い、一度入ると楽しく遊んでいたので、水がイヤではないなと感じていた。最近はプールにもすっかり慣れて、最初から豪快に入るまでになった。「しーさん見ててね！」とプールの中で仰向けに寝転がる。まわりの子たちの動きで顔まで全部水がかかってしまうが、ぜんぜん平気でいろんな大人にアピールしていた。〝自分でできる〟と思えるプールの遊びが今一番楽しいんだなと感じる。

清水さんは、めきめき自信をつけるさくらちゃんと、彼女の日々の変化に目を見張る。

さて、夏も真っ盛りのころになると、てんとう組の子どもたちは、徐々に、園庭の隅にある幼児向きの固定の大きなプールで遊ぶようになる。

一年前のみつばち組の夏、1、2歳児用の手作りプールで、時間をかけてやっとプールの楽しさを味わうようになったりゅうせいくん。幼児の大きなプールではどうだろうか。

8月13日　りゅうせいくん、大きなプールはドキドキ

記…名取

今日で、大きなプールに入るのは3回目。でも、りゅうせいくんはまだ慣れず、最初は「大きなプール入らない」と拒否。Tシャツを着て、プールまで向かう。入りたいけど、ドキドキするしで複雑な心境の様子。「みんなが入ってるところ、見てみよう！」と誘うと、「うーん」「Tシャツ脱ぐ」とプールに入るアピールをする。1対1でゆっくりとかかわり、プールサイドまで行くが、そこから入るまでがドキドキするようで、プールサイドでバタ足をしたりと、やりたいが、緊張もあるしドキドキするしの葛藤をしていた。清水さんがゆっくりかかわり、最後には中まで入ることができ、顔もニコニコだった。りゅうせいくんも少しずつ慣れて、楽しいと思えるようになっていけたらと感じた。

まだ、一気にというわけにはいかないが、心はすでに大きなプールにつかっているのだろう。昨年の経験から水の楽しさを知っているりゅうせいくんには、大きなプールの雰囲気に圧倒されながらも、入る気満々だ。ゆっくりと支えてもらったことで、大きなプールの中の方までしっかりと入ることができた。一歩ずつ乗り越えていくりゅうせいくん。慣れるまでの時間は着実に少なくなっ

ているようだ。

大人の機転と遊び心

とにかく、意欲満々、楽しいことが大好きな子どもたち。ままごと用のレースのスカートがあれば、お姫様からオバケにだって大変身。そんな姿に大人の遊び心がむくむくと頭をもたげる。小さいオバケ軍団の遠征のはじまりはじまり。

6月6日　オバケに変身

記…名取

レースのスカートを頭からかぶり、「オバケみたい！」という会話からみんなでいつの間にかオバケに変身する。オバケがこわい子もいるけど、自分がなってしまえば楽しくてしょうがない様子。そのような子どもたちの姿を見て、清水さんが「じゃあみんなでみつばちさん（1歳児）を脅かしに行こうか！」と言うと、みんなやる気満々。みんなでテラスからみつばちさんのお部屋に向かい、「オバケだじょーーー！」と脅かすと、みつばちさんもびっくり！　みんな手を前にしてオバケのふりをしたり、とても上手に脅かしていた。このような子どもたちの姿を見て、保育士はただ「オバケ」→「こわいね」だけではなく、もっと楽しめるように声をかけたりすることで、子どもの遊びも広がりおもしろいものになるのだなと感じた。保育士の声かけ一つで遊びや子どもたちの姿も変わり、改めて大切だなと感じた。

みつばち（1歳児）とてんとう（2歳児）は、部屋が隣同士だということもあり、何かと行き来が多い。こんな大人の思いつきも大歓迎、お互いに楽しめる間柄だ。安心を生みだすいい関係は、子どもはもちろん、保育する側の大人にとっても大事なこと。

こんなふうに大人の声かけ一つで、子どもの様子は変わるもの。子どもの先頭に立って声をかけることもあれば、ひと言さしはさむだけで、流れが変わることも。

6月19日　ピンポーン！

記…松浦

廊下で遊んでいた時のこと。巧技台の下にほくとくんがいて、そこへお宅訪問とばかりに、そらくんが「ピンポーン」と声をかけた。すると「やーだ！」と、眉をひそめるほくとくん。どうやら今は虫の居所が悪いようだったが、そらくんはピンポーンからのやりとりを楽しみたいようで引く気配がない。そこで、「そこのおうちはお留守みたい。お隣のおうちもピンポーンしてみたら？」と声をかけた。隣のおうち（巧技台）からは、どういうわけか少し前からきよみちゃんが上半身を外に出した状態でうつ伏せに倒れていた。なぜ彼女がそうしていたかは謎である。お隣にピンポンをと言ってはみたものの、彼女がそらくんの思いに応えるかどうかは大きな賭けだった。

そらくんは、倒れている隣人・きよみちゃんになんの疑問も抱かずに普通に「ピンポーン」と声をかけた。すると、ガバッと勢いよくきよみちゃんが起き上がり、片手で自分の頭を抑えて「まちがえたー!!」と大笑い。何が起きたのかわからなかったが、あまりの勢いのよさとコミカルな言動に、そらくんは大喜び！　また「ピンポーン」と言うと、「まちがえたー!!」ときよみちゃん。

すみれちゃんも加わって「ピンポーン！」「まちがえたー！」。さらに最初はピンポーンをイヤがっていたほくとくんも目をキラキラさせながらやって来て、「まちがえたー‼」と体をくねらせたり、両手で顔を隠してみたりしながら、きよみちゃんをマネっこして大喜び！　このおもしろおかしい単純なやりとりの中で輝く子どもたちの笑顔。それを生みだしたきよみちゃんワールドはすごい！　私もとっても楽しませてもらったのだった。

ピンポーンがしたいそらくんと、そんな気分ではないほくとくん。まずい、手が出る！　と思った瞬間に出た「お隣のおうちもピンポーンしてみたら？」の瑠璃子さんのひと言。これは、瑠璃子さんのとっさの機転だが、賭けでもあった。言ってはみたものの、きよみちゃんがそらくんの思いを受けとめてくれるだろうかとドキドキしていたのだ。しかし、瑠璃子さんの予想をはるかに上まわるきよみちゃんのナイスリアクションに、その場は笑いに包まれる。

保育は、予想外のことがあるからおもしろい。もし瑠璃子さんが、きよみちゃんは、瑠璃子さんの意図をくみとって期待通りに動いてくれる子どもだとわかっていて、その先の流れまであらかじめ予想した上で声をかけていたのなら、シナリオ通りの流れを確認して終わっただけだろう。そしてきよみちゃんは、先生の期待通りに動いてくれるいい子としての役割をその後も担っていくことになったかもしれない。

しかし、ここではありのままのきよみちゃんが光った。瑠璃子さんは、子どもの思いがけない力に驚き、日々の偶然が保育を豊かにしてくれることを実感したことだろう。偶然や予想外のことを楽しむ心が、さらに楽しい偶然を生みだしていく。

夏の食卓とお昼寝

進級して、はや数ヵ月。てんとう組は、すっかり安心して過ごせる場所になった。いまや大人は、信頼できる人、子どもは、いっしょにいて当たり前の仲間だ。日々の生活場面でも、子ども同士の世界が広がっていく。一人ひとりのその子らしさがおもしろい。

7月30日　お昼、てんとうさんにアリさんがお邪魔する

記…名取

テーブルにつき、お昼ごはんを食べる前にテーブルにアリさんがいるのをさなえちゃん、しおんちゃん、ほくとくん、りんごちゃんが見つける。さなえちゃん、しおんちゃんは「こわいー！」とイヤがる。私がつかまえて、テラスへ逃がすと、りんごちゃんが「アリさんごはん食べたかったんだね」と言った。ほくとくんもいっしょに「うんうん」とうなずく。「そうだね」と私が言って話が終わった。りんごちゃんの言葉が、とてもやさしいと感じた。雰囲気はとても和み、しおんちゃんも、さなえちゃんも、それからは「イヤ!!」とは言わずにイスに座った。子どもたちそれぞれ感じ方や思いは違うなと思った。

りんごちゃんは、みごとアリの気持ちを代弁。子どもたちの表現力は日進月歩。これも、受けと

めてくれる大人や仲間がいるから。それにしても、あわてず、悠然とアリをつまみあげ、テラスへ逃がしてやった名取さんの姿が目に浮かぶ。

8月2日　まぜまぜして～!!　記…清水

今日のお昼ごはんは鮭。ごはんといっしょに混ぜて、お魚ごはんにするのが好きな子どもたちは、大人に「やって～!」とアピールするが、配膳に忙しく、「ちょっと待っててねー!」と言うことが多い。すると今日はほくとくんが、さなえちゃんに「まぜまぜして～!」とお願いして、「え～、なんでよぉ～」と言いながらやっていた。それを見ていたのか、あんずちゃんは隣のきよみちゃんに「やって!」とお願いする。突然で驚いたきよみちゃんだったが、「え～、なんでよ!」と言いながらも、やってあげていて悪い気はしないようだ。子どもたちのやりとりがおもしろく、頼まれた子もちょっとおねえさんの気分でうれしそうだった。

お魚をほぐして混ぜごはんにして食べるのは、みつばち組から続くお楽しみの食べ方。じつは、この食べ方、園で、けっこう昔から受け継がれてきた。とくに、乳児クラスでは定番になっている。メニューには、お魚とごはんは別々にのっているし、配膳も別々。食べるときに、いっしょにするというわけだ。乳児クラスのころ、大人がなんとか食べてもらおうとごはんに混ぜてみたら、けっこう喜んで食べることがわかった。はじまりはそんな感じ。しかし、なじんだ味は、〝お袋の味〟みたいになかなか忘れられないものだ。幼児クラスになっても、混ぜごはんにして食べ続ける

子どもがいる。

だから、この食べ方には、大人の中でも賛否両論がある。マナーを考えると、別々に食べたほうがいいという意見もある。年間のふり返りの会でも、これまで議論になったことが何度かある。しかし、結局、結論は出ないまま。

お皿にのっていると食べない子も、なぜか、ごはんに混ぜると食べてくれる。だから、大人も『いいのかな〜?』と思いつつ、おいしく食べてくれるのが一番と、今も混ぜごはん方式が続いている。断っておくが、全員が混ぜごはんにするわけではない。好きな子が多いということ。

どうやら、お魚ごはんがおいしいのは、味が混ざるからだけではなくて、気持ちが混ざるからなのかもしれない。「まぜまぜして〜!」と頼んで待つ時間も楽しいし、頼まれて、大人の気分を味わうのも楽しい。お魚まぜまぜごはんのお楽しみは当分続きそうだ。

次は、お昼寝。おしゃべりを楽しみながら、ゆったりした気持ちで眠りにつくのは、みつばち組からてんとう組にも引き継がれている。入眠前のお楽しみタイムだ。おしゃべりのパターンも変化に富んできた。

8月24日 お昼寝のひと時

記…清水

大人がすぐにトントンしたり、そばで絵本を読んだりできないと、子ども同士おしゃべりしたり絵本を読んだりしている。きよみちゃんはすみれちゃんに『いない いない いるよ』の絵本を読んであげている。「こわーい」と言うすみれちゃんに、虫の絵を手で隠してあげたり、「これで大丈夫だからね!」と声

『いない いない いるよ』
近藤薫美子 作
アリス館

をかけたり、とてもいい雰囲気。

れおくんが絵本を広げると、「これはママだよ！」と教えてあげるほくとくん。一方的なかかわりだったり、少し力が強かったりするれおくんにもやさしく、「これは痛いよ。やめて」と話しかけているほくとくんの対応で、やりとりが成立している。

さつきちゃん、しおんちゃん、みずきちゃんは、わらべうたの本を広げて歌っている。♪赤ちゃん赤ちゃんなぜ泣くの？　では、大人が子どもたちの名前に替えて歌っているのだが、「○○くん、○○くん、なぜなくの？」「え〜、泣いてないよ！」なんておしゃべりしながら、次々と友だちの名前を出して歌っていた。入眠前のちょっとしたやりとりがあちこちで見られていておもしろいなと感じた。

おしゃべりだけでなく、歌まで登場。楽しくて、盛り上がってしまうこともあるが、大人は、そのうち眠くなるから大丈夫とあわてない。もちろん、『小さな声でね』とくぎをさすことはある。それにしても、ふとんの中で、ひそひそ話をするのは、けっこう楽しいもの。昼寝前の特別な時間。

コラム⑥　「ピンポーン」秘話

6月19日の「ピンポーン」（153ページ）は、そらくんが、巧技台のほくとくんの家を訪問し、ピンポーンと呼び鈴をならすことからはじまる。瑠璃子さんが、「お隣のおうちもピンポーンしてみたら」と声をかけたことから、みなさんは、きっと子どもたちが、おうちごっこをしていたのだろうと思ったのではないだろうか。

じつは、これ、ごっこ遊びの場面ではなかった。ほくとくんときよみちゃんは、巧技台で別々に遊んでいただけ。この巧技台は、穴の開いた四角い巧技台の上に板が渡してある構造で、両足のところには、子どもの体が通るくらいの穴が開いている。

ほくとくんは、片方の巧技台の中に入っていて、きよみちゃんは、穴から身を乗りだしてうつ伏せになっていた。そこに、そらくんがやってきて、「ピンポーン」とほくとくんに声をかけたわけだ。

「ピンポーン」という呼びかけは、みつばち組の虹色トンネルの遊びからはじまっている。

園庭の虹色トンネルは当時から子どもに人気で、すぐに満員御礼になった。１人ずつしか通れない虹色トンネルに、子どもが押しかけ、トンネルに無理やり入ろうとする。中の子どもは、きつくなってくると、「はいらないで！」「来ないで！」と入ろうとする子をたたいたり、押しかえしたりして、ケンカがはじまってしまう。だから、大人は、「そういうときは、ピンポーン押したらいいんじゃない」「ほら、このネジを押すとピンポーンってなるよ」と声をかけていた。

そしていつの間にか、子どもは、虹色トンネル以外の場面でも、遊びに入れてもらいたいときなどに、使うようになっていた。

こうして生まれたこのエピソード。ルールを遊びにしていく大人のユーモアセンスと、それにおもしろがって乗っていく子どもの遊び心が、てんとうのユーモアあふれるエピソードを生みだしているようだ。

秋
9月～12月

響き合う仲間・育ち合う個性

遊びの秋

とことん遊び込んだ夏がすぎ、気候のよい秋が訪れた。

まだ行事が少ない乳児クラスでは、一度開花した遊び心は途切れることなく、ますます彩りを増していく。園庭でも、お散歩先の公園でも、もちろんお部屋の中でも。

散歩先での遊びも充実

みつばち組から、試行錯誤を重ねてきた歩き散歩。てんとう組の散歩は、歩き散歩のみ。もう散歩車は必要ない。お散歩が大好きな子どもたちは、今日は、公園でどんな遊びをしようかと期待感いっぱいに園を出発する。

10月31日　オバケ探し

記：清水

霧が丘公園へ行く途中で、「今日はハロウィンって言って、オバケが来る日なんだって！　公園にもいるかもね！」と話すと、子どもたちは、興味を持ち、探そう！　となる。「こわい……」と言うほくとくんに、「大丈夫だよ！　みんなとお友だちになりたいかわいいオバケかもしれないよ！」と話すと、「ほくとオバケだ！」と名づけておもしろがる。到着して雑木林へ入る道の木の茂みや落ち葉がたくさんある方へ行ってみる。「ハロウィンどこ？」ときよみちゃんは探しまわる。黄色の毛糸が落ちていて、「これ、髪の毛かな？」と話すと、「シャンプーしたんだ！」とりゅうせいくん。途中、他の遊びへ興味が移るが、「ハロウィンいないねぇ～。大きい声出すと来るよ！」というきよみちゃんの提案で、「あー!!」とみんなで叫んで呼びかけてみる。大きな葉っぱの落ち葉に、目の形に穴を開けて顔に当て、オバケになる子がいたり、見えない架空のものにみんなが同じイメージを想像してあれこれ言う姿がおもしろかった。

日々想像力が豊かになっていく子どもたち。見えなくても、頭の中でイメージがどんどんふくらんでいく。みんなそろって、「あー！」と大声を出して、オバケを呼ぶ姿は圧巻だ。みんな同じイメージだったかどうかはわからないが、シャンプーしたての、黄色い髪の毛のハロウィンのオバケ

石ころだって小枝だって、今日は何かに見えてくる。

はきっと驚いたことだろう。

こわいもの見たさは、子どもも大人も同じ。見えないものは、こわいけれど、なぜか惹かれてしまう。子どもの想像力をかきたてる大人のひと言に、大人の遊び心が光る。子どもの楽しい反応に、遊び心が磨かれていく。

11月2日　北風小僧のかんたろう　記…清水

お散歩に出かける前、「今日は冷たい風がたくさん吹くから、かんたろうが来るんだって！」と話すと、「どこに来るの!?」「だれ!?」と、何かオバケのようなものが来るのか？　と聞く子どもたち。去年度の冬、風が冷たいときに「かんたろう、どっか行ってー!!」とやりとりしていたことを思い出して話してみたのだが、風のない部屋の中では子どもたちもイメージしにくかったようだ。でもだんだん楽しくなってきたようで、霧が丘公園へ着くと、「かんたろうー！」と呼んでいた。ほくとくんは「オバケなの？」と、ちょっと緊張していた。その後もずっと覚えていたさつきちゃんは、お昼寝の時「かんたろう、いなかったね」と話す。「かんたろうは見えなくて、フーッと風が吹くんだよ」と話すと、「おめめと、おはなは？」「おなかもないの？」「ないんだよ」「じゃあ、おようふくはきてないの？」と不思議そうにしながらも、いろいろと考えてやりとりするのがとても楽しそうだった。そんなふうにイメージしてやりとりできるのはすごいなと思った。

さつきちゃんの頭の中には、どんなかんたろうがいるのだろう。清水さんとおしゃべりしながら、どんどんイメージが具体的になっていくようだ。こんなふうに、大人とのやりとりを通して、子どもは、空想する楽しみをふくらませていくのだろう。

さて、公園では、しっぽ取りがブームに。

10月2日　しっぽ取り

記…清水

散歩に出かけるようになって、しっぽ取りをすることも増えてきた。大人がしっぽをつける姿に、かんなちゃんもたくさんつけはじめる。大人のしっぽを取るのが楽しいし、自分のしっぽを取られないように逃げまわるのも、両方楽しんでいる。今日も散歩先ではじめると、次々に自分のしっぽをつける。すみれちゃん、れおくん、りんごちゃんは自分のを取られるがイヤで、大人に追いかけられると必死で逃げてイヤがるようになった。しおんちゃんは大人のを取ってたくさん手に持っていたので、「つけていいよ！」と話すと、「取られるのイヤだからつけないもーん」と言う。子どもたちの中で少しずつ〝取られるのがイヤ〟という思いが芽ばえてきているようだ。あんずちゃんは大人に取ってもらうのが楽しくて、追いかけっこの延長になっている。そんなやりとりを見て、しおんちゃんやすみれちゃんも自分でしっぽをつけて参加する姿があった。大人もいっしょに楽しみながら、子どもたちと遊びを深めていきたいなと思う。

しっぽ取りの楽しみ方は、それぞれ。まてまて遊びの延長のあんずちゃん、鬼ごっこの逃げるドキドキ感を楽しみはじめたすみれちゃんたち、逃げる・追いかけるの2つの役割を同時に楽しむか

鬼ごっこするよー。

んなちゃんというように、子どもたちは、鬼ごっこのスリルと期待感を感じるようになってきた。そして、鬼ごっこが、遊びの一ページに加わっていく。足に自信が出てきた子どもたち。大人は安心して、出発できるようになった。もう少し先の公園まで行けるだろうと公園のレパートリーも増えてきた。

11月20日　ドキドキのブランコ

記…清水

今日ははじめての中丸公園へ散歩に出かけ、ブランコを楽しんだ。庭でも縄跳びブランコが好きな子が多く、そのメンバー（さなえ、きよみ、しおん、さくら、あんず、あやめ、さつき）が入れ替わりで来ていた。大人が後ろから軽く押すと、いつもより振り子の時間も長いし、体がフーっと勢いよく動く感じもおもしろいが、ちょっとこわさもあり、2人ずつ乗りながら「ちょっとこわいよね〜!」「早いよね〜!」と会話する。中でもさなえちゃんはドキドキするようで、友だちがやっているのを見て、「手、離しちゃダメだよ。ちーちー（血）出ちゃうからね!」と言ったり、友だちがピューっと動く姿に「わぁ〜!」と眉をひそめた表情（気持ちに余裕はあるようだが）をしている。食事の時も思い出し、「ブランコさ、ちょっとだけこわかったよね〜」とさつきちゃんと話している。とても楽しかったようで、こうやって思いを共有したり、その思いをいっしょに思い出しておしゃべりし合えるっていいなと思った。

新しいブランコに挑戦した好奇心旺盛な女の子たち。会話しながらこわさをまぎらわすのは、さすが、おしゃべり上手な女の子らしい。その後も食事の席ではブランコの話で盛り上がる。

楽しさを共有するのも、こわさを共有するのも、仲間のつながりを強くするようだ。仲間といっしょに、ドキドキハラハラする緊張感を乗り越えるようになってきた子どもたちだ。

さて、期待感いっぱいに出発し、思う存分公園で遊んだあとは、さあ、帰り支度。やっぱり、てんとう組でも行きはよいよい、帰りは……。

10月15日　散歩帰り道

記…清水

散歩の帰り道、あやめちゃんがしおんちゃんと手をつなぎたがったが、断られてしまい大泣きとなる。さなえちゃんとさつきちゃんに「あやめちゃんなんで泣いてるのかね？」と話しかけると、2人が「どうしたの？」と聞きに行き、「しおんちゃんと手をつなぎたいんだって！」「しおんちゃんダメって！」と状況を説明してくれた。「どうしようか……困ったね……」と話していた。お互いに気持ちはおさまらないので、清水が助けに行くことにする。すでに清水と手つなぎしていたれおくんは「行っちゃダメ！」と言うが「お話しするだけだよ！　いっしょに助けてあげようか⁉」といっしょに行くことにする。それぞれに気持ちを聞き、れおくんが「手つなごう！」とあやめちゃんを誘うが、「しおんちゃんがいい」と思いは変わらない。しおんちゃんは、「ぼくとくんとつなぎたいの！」とアピールする。

なかなか決まらず「お腹空いたね〜！　今日のごはんなにかな？」とつぶやくと、さなえちゃんが「お肉！」、するとれおくんが「おそばじゃない⁉」と話す。「えっ！　おそば？」と清水がちょっと笑うと、あやめちゃんもつられて笑いだし、笑顔になる。「じゃあ、保育園帰ろうか！」と話し、もう一度れおくんが「つなごう！」と手を伸ばしてくれて2人がつなぐことになった。あやめちゃんと、しおんちゃんの2人だけのやりとりでは、お互い頑なになって納得できる解決にならなかっただろう。まわりの子に声をかけることで、いろんな子がつなごう！　と誘ってくれる機会が生まれたり、「どうしたんだろう？」「どうしたらいいかな？」とちょっとでも感じてもらえたらいいなと思った。

手をつなぐ相手でもめるのは、友だちへの強い思いが育ってきている証拠。喜ばしいことではあるけれど、思いのすれ違いからぶつかり合いが起こってしまう。

なんとしても、しおんちゃんと手をつなぎたいあやめちゃん、断られると余計にその思いが強くなる。しおんちゃんも、強く迫られると、さらに受け入れがたくなる。大人が入っても、お互いの思いはすれ違ったまま。どちらの気持ちも大事にしたいから、無理やり、決着をつけることはしたくない。だから、このとき清水さんは、「これは長くなるぞ～」と覚悟を決めた。

「お腹空いたね……」の言葉は、特別な意図はなく、ため息に近いつぶやきだった。つぶやきは、だれかが拾う。実際にお腹が空いていた子どもたちはすぐに反応した。れおくんは、おそばが食べたかったのかな。「おそばじゃない⁉」のひと言に、思わず笑ってしまった清水さん。なぜって、おそばは、保育園のメニューに登場したことはこれまで一度もないのだ。当然子どもたちは、保育園でおそばを食べたことがないはず。

れおくんの突拍子もないひと言と、それを笑いで受けとめた清水さんの反応がその場の空気を変えた。待つことがちょっと楽しくなった瞬間、場面が動きだした。

もう一度あやめちゃんに、手をつなごうと声をかけてくれたれおくんの言葉もうれしい。

虫好きこうせいくんのその後

秋は、虫の季節でもある。前年、虫博士の片鱗を見せたこうせいくんの虫好きが開花する。

9月12日　虫好きなこうせいくん

記…清水

東郷さんがミミズを発見して、「ミミズ好きな人〜！」と呼びかけると、そばで遊んでいたこうせいくんが「はいはーい！」と反応して近づいていく。最初は少しドキドキして指でつついていたが、しばらくしてつかまえられるようになり、「見て〜！」とアピールする。そして自分の押し車に砂をたくさん入れて、そこにミミズを入れて「こうちゃんの!!」と宣言して、れおくんといっしょに押し車を走らせて遊んでいた。虫と車に夢中のこうせいくん。庭へ出ると、押し車を使って、ほくとくんや、れおくんのあとを追いかけて遊んでいる。時々「こうちゃん、やだ〜」と言われてしまうこともあるが、すぐに笑い合っていたり、友だちともつながってきているなと感じる。同じ好きなものがあることで、楽しいと感じることを共有していく機会をつくっていきたいなと思う。

1年数ヵ月を経て、こうせいくんは、みごとミミズを素手でつかまえた。その後、てんとう組でのこうせいくんと虫のエピソードは絶えない。その姿をもう一つ。

10月12日 こうせいくんと虫

記…松浦

大きなバッタを手に入れたこうせいくん。ペットボトルの入れ物を首から下げていたが、「(フタがなくて)にげちゃうから!」とバッタを手に持っていた。松浦が木の葉のたくさんついた枝でフタをつくるが、隙間から逃げそうだと思ったようで、入れ物には入れようとしない。そんな様子を見て「こうちゃん、これは?」と、あやめちゃん、かんなちゃん、そらくん……と次々に1枚の木の葉を持ってきてくれる。もちろん、それでフタをつくるのはむずかしいので、こうせいくんも「……いらない」と言うのだが、「じゃあこれは?」とあきらめずに持ってくる子どもたち。あたたかい光景だった。

ところが途中、バッタが地面に逃げてしまう。つかまえようとするが、「あっ! あっ! あーーー!!」と困って躊躇する。まわりにいた子たちが「こうちゃん、がんばれっ!」と応援をはじめ、その声に背中を押されるように、ついにこうせいくんが意を決してバッタをつかまえた。その瞬間、「やったぁーーー!!」とこうせいくん以上に喜ぶあやめちゃんの姿が印象的だった。こうせいくんを思う子どもたちと、その人たちに支えられて勇気を出したこうせいくん、どちらもステキだった。

こうせいくんの虫好きは、今やだれもが知るところとなっている。虫をめぐるドラマは日々絶えない。こうせいくんを応援はするけれど、自分では決して手を出そうとはしない子どもたち。こうせいくんのバッタは、こうせいくんが取るんだ、そう信じている。それぞれの思いを理解し、認めはじめた子どもたちだ。

大好きな絵本のイメージで遊ぶ

ごっこ遊び、なりきり遊びが花盛りのてんとう組。大好きな絵本は、劇遊びへと発展していく。『三びきのやぎのがらがらどん』は、子どもたちの大好きな絵本だ。何度も何度も読むうちに毎日の遊びの中に浸透していく。

てんとう組でも、がらがらどんごっこは大人気。子どもの参加の仕方はいろいろ、大人の遊び方にも持ち味が出て、個性ある遊びが展開していく。まずは、清水さんの記録から。

10月17日　がらがらどんごっこ

記…清水

朝の受け入れ時に母との別れで泣けてしまうほくとくんに「線路つくろうか！」と誘う。牛乳パックの積み木が増えたので、長くつなげて遊ぶことを提案した。乗り物好きのりゅうせいくんも運んでくれて、みんなでひとつの長い線路ができた。長い積み木で踏切をつくって、子どもたちが通っていく。今までも遊びの中で登場していた、がらがらどんの橋にして、「だれだ、私の橋をガタピシさせるのは！」と言うと、そらくん、ほくとくん、れんげちゃん（一時保育の子）、かんなちゃんが「おおきいヤギの、がらがらどんだー!!」と大声でアピールして渡っていく。そのたびにトロル役の清水が「あー！」と倒れると、そばでりんごちゃんが清水の腕をつかんで守ろうとしてくれている。

すると今度は、「ガタゴトガタゴト」と言いながらさなえちゃんがやって来た。それを見ていた子もなりきってゆっくり渡っている。時々「ちいさいヤギです」と逃げるように渡ったりもして楽しんだ。りゅ

『三びきのやぎのがらがらどん』
マーシャ・ブラウン 絵
瀬田貞二 訳
福音館書店

うせいくんはちょっとこわくてヤギにはならないが、橋がこわれてしまうと「工事です！」と急いで駆けつけてくれた。みずきちゃんは「あったよ！」と、がらがらどんの絵本を見つけて、ちょうど出勤した川本さんに読んでもらう子、遊びの世界を楽しむ子で続けた。お話の世界を大人も入りながらたっぷり楽しんでいきたいなと思う。

「だれだ、私の橋をガタピシさせるのは！」のひと言で、牛乳パックの積み木でつくった線路は、橋に早変わり、子どもたちは、一気にがらがらどんの世界に入っていく。大きながらがらどんになって悠然と橋を渡る子、小さながらがらどんになって急いで渡る子、はたまた、倒れるトロルを支える子など、その子なりの楽しみ方だ。おもしろいのは、りゅうせいくん。トロルの迫力とつかまるかもしれない緊張感は苦手だが、遊びからは目が離せない。そこで、参加する方法を考えた。こわれた橋を修復する係だ。乗り物が大好き、工事現場で働く車にもくわしいりゅうせいくんは、素早く橋を直してくれたことだろう。その子なりの活躍の場を提供しながら、遊びは広がり、個性豊かになっていく。

その2日後、今度は、瑠璃子さんのがらがらどんごっこ。舞台は、園庭。セットもなかなか凝っている。雨上がりに、巨大な水たまりができていた。「ここで遊ばない手はない」と思いついたのが、がらがらどんごっこ。水たまりの上にベンチを並べて、さあ開演。複数の大人が参加して、本格的な劇遊びが展開する。

10月19日　がらがらどんごっこ

記…松浦

水たまりにベンチで橋を架け、がらがらどんごっこをした。「ながいのがいいー！」と子どもたち。じゃあ少しでも長い橋にしようとベンチを2つにし、ベンチとベンチの間には20センチ程度の隙間をつくった。すると、その上を何気なく渡っていく人が大半だが、意外にもしおんちゃんやきよみちゃんが隙間で足を踏み外したり、かと思えば以前は隙間をこわがっていたあんずちゃんがすんなり渡れるようになっていたり、すみれちゃんがしゃがみながら片足ずつ慎重に渡ったりと、それぞれの姿に違いがあっておもしろい。

トロル役の松浦とのやりとりも、「だれだ、おれの橋をガタピシさせるのは！」と言われると、「すみれちゃん」と自己紹介するすみれちゃん。「おおきいヤギの、がらがらどんだー！」と声を張り上げるきよみちゃん。「おれだ！　おおきいヤギの、がらがらどんだ！」と絵本のセリフに忠実なりんごちゃん。松浦が「ようし、お前をひと飲みにしてやるぞー！」と言ったところを、「えいやぁー！」とやっつけるそらくん。「しゅわっち！」とウルトラマンの技で倒すかんなちゃんとさまざまで楽しい。

ひと段落したところで、非常勤の関口さんがちいさいヤギになりきって登場。続いて松浦も2番目のヤギになりきって橋に上がる。さっきまでヤギだった子どもたちは「だれだー！　おれの橋をガタピシさせるのはー！」とすっかりトロルに。大人が「もっとおいしいヤギが来るから」と言うと、子どもたちから「いってー！」と通行許可が出る。関口さんと松浦からの視線を感じた名取さんが、空気を読んで物語通りに「おおきいヤギのがらがらどんだー！」と橋に上がると、「いってー！」と戦うことなくおおきいヤギを通してあげる平和主義な子どもトロルたちだった。それからまた、そらくんたちが大げさに

「ガタ！　ゴト！」と橋を渡りにやって来て、くり返しごっこ遊びを楽しめて大人もすごくおもしろかった。

場所は、園庭の畑の前の大きな水たまり。大人がヤギになると、今度は、子どもがトロルに早変わり。ヤギにもトロルにも自在になりきる子どもたちの素早い切り替えはおみごと。大人が参加し、遊びはさらに盛り上がる。目くばせで意図を読みとって、遊びを盛り上げる大人の連携もなかなかのもの。忠実に絵本を再現して遊びを進めていく大人と、その中でアドリブが飛び交う子どもたちの姿が対照的でおもしろい。

こうして、大人一人ひとりの持ち味が生かされながら、子どもとともに、絵本のイメージの世界は、バリエーション豊かな体感の世界へと広がっていく。

園庭遊びは年齢の垣根を越える

園庭では、クラスを越えて遊びが広がる。おもしろいこと、楽しいことに子どもは敏感だ。最初は、砂場ではじまったお店屋さんは、てんとう組の名物店員のおかげで、あっという間に大繁盛。店員さんのかけ声が勇ましい。

11月13日　お店屋さんごっこ

記…清水

みずきちゃん、さくらちゃんが泥だんごづくりをしているところへ行くと、「アイスクリームがいいですか？」とお店屋さんごっこがはじまった。店員役がとても上手で、大人とのやりとりを見ていた子どもたちが「何してるのー？」とやって来て、お店は大忙しとなる。とんぼ組（4歳児）のはるちゃん、ゆずちゃんも参加していた。だんごをつくり、その上に葉っぱを乗せてお寿司にしたり、平らにしてハンバーグといろいろごちそうが出てくる。せみ組（3歳児）のはやてくんと妹のひかりちゃんも「くださーい！」とお客さんになり、てんとうむし組のさつきちゃん、あやめちゃん、かんなちゃんは店員になって「はーい！　どうぞ‼」と渡す。

オーダーが入ると、「カレー一丁！」「お寿司一丁！」とたくましい声でみんなに知らせるみずきちゃん。そんな姿にとんぼ組から「おじさんみたーい！」と言われるほどなりきっていた。クラスを越えていろんなお客さんが来てくれて、上手にやりとりする姿がすごいなと感心する。大きい子が入ると、ごっこ遊びのイメージも広がるし、子どもたちもよく遊んでいた。庭で交流できるっていいなと、大人が入るごっこ遊びとはまた違う楽しいごっこ遊びだった。

幼児顔負けの勇ましい店員の姿に、２歳児主役のお店屋さんということを忘れてしまう。それぞれの楽しみ方で参加し、てんとう組の子どもたちと対等に遊ぶ３、４歳児の子どもたち。異年齢がまじりあうことで、遊びがおもしろくなっていく。多様さは、遊びのバリエーションを豊かにしてくれる。

園庭での異年齢のかかわりをもう一つ。保育士のイタズラ心を全身で受けとめる子どもたちの姿。あうんの呼吸でくりだされる名演技。ひとりの笑いはすぐに伝染していく。笑いは、てんとう組の真骨頂だ。

10月24日　へっくしょ～ん!!

記…清水

畑からフワフワの草を持ってきたみずきちゃんに、せみ組の高木さん（3歳児担任）が「頬をなでて」と言うので顔に近づけると、くしゃみが返ってきた。それがおもしろくて何回かやるうちに、くしゃみをされるとあとずさりしながら転げるようになった。

清水が「くしゃみすると転がるよ!」と高木さんのまわりにいたせみ組の子どもたちにも声をかける。同じ草を持っていたしおんちゃんもせみ組のところへ草を持っていき、高木さんやせみ組の子が「へっくしょ～ん!」と言うと、みずきちゃんといっしょにゲラゲラ笑いながらひっくり返る。

その様子に気づいたさつきちゃん、かんなちゃん、きよみちゃん、すみれちゃんなど次々に集まり、ひっくり返る。そのかけ合いがとてもおもしろく、てんとうむし組の子どもたちのひっくり返り方がまた上手で、まわりの子どもたちもすぐに理解して盛り上がった。小さなやりとりから、こんなふうにみんなで遊べるやりとりになっていくなんておもしろいなと、子どもの柔軟な発想に感心してしまう。

お笑い番組のコントにありそうな、「へっくしょ～ん」でひっくり返るオーバーリアクション。これには、大人もびっくり。大人の遊び心を何倍にもして返してくれる子どもたち。こうして、遊びのレパートリーはどんどん増えていく。園庭遊びは花盛りだ。

12月19日　あぶくたったーーてんとうバージョン　記…清水

庭でほくとくん、そらくん、れおくんとかぶとむし組（5歳児）のふうくんで追いかけっこをして遊んでいた。鬼役の清水が帽子を取り、みんなが取り返すというくり返しで、大盛り上がりとなる。その続きで、さつきちゃん、かんなちゃん、しおんちゃんも加わって丸く手つなぎをし、あぶくたったがはじまった。だれが中に入るかでもめたり、なかなか進まないやりとりになるかなと心配していたが、「煮えたかどうだか食べてみよう！」のフレーズで、中に入っていたほくとくんが、食べられるのがイヤで逃げだす。「あーー！　逃げた‼」と言うとおもしろくなり、半分以上の子が座り込み、歌の途中で逃げだすというやりとりで盛り上がった。以前はルールがあるとぐちゃぐちゃになってしまったれおくんも、今日はとても楽しそうだった。こんなやりとりも楽しみたい。

遊び方は、型どおりではなく、自由自在に変化していく。コンセプトは、楽しいこと。この自由さがてんとう組らしい。

子どもの名言

再びめぐってきた実りの秋。子どもの言葉の芽は、着実に育ち、実を結びはじめた。あちこちで、大人をうならせる言葉のやりとりが聞かれる。

ステキなやりとり

9月27日　おもちゃをめぐるやりとり

記…松浦

朝、てんとうむし組でままごとをしている時、おもちゃの入ったカゴを持つりんごちゃんに、れおくんが「ちょーだい」と声をかけた。りんごちゃんはいかにも不満そうに口を尖がらせて「ダメ！」とお断り。いつもなら、れおくんのバチーンやドーンがくりだされるようなヒヤリとするやりとり。しかしれおくんは、大人の予想とは裏腹に「ひとつだけ！」と交渉した。するとりんごちゃんの表情が和らぎ、「いいよ」と返事が返ってきた。友だちとのやりとりがうまくいかずに歯がゆい思いもたくさんしているれおくん。その時期を経て、こうして、大人の手を借りずに自分の言葉でやりとりを乗り切る力がついてきているのだなと感じた。子どもの育つ力はすごい！

れおくんの成長が光るひと言。カゴごと全部取られると思って、身構えたりんごちゃんは、「ひとつだけ！」のひと言に、体の力がスーッと抜けていく。大人も同じ。手が出る、止めなければと緊張した瑠璃子さんは、ほっと一息。子どもは、常に変化し、成長している。そのことを実感し、決めつけるのはやめようと自戒した瑠璃子さんだった。

次は、ナイスガイ！　ほくとくんのエピソード。

12月3日　やさしいほくとくん

記…清水

廊下でさくらちゃんが転んで鼻血が出てしまい、大泣きする。大人が「痛かったね〜！　大丈夫？」と声をかけたり止血したりしていたが、なかなか涙は止まらない。すると様子をそばで見ていたほくとくんが、さくらちゃんに「大丈夫？　おいで〜」とサラリと手を引いて、なぐさめてくれた。とてもさりげなくやさしい対応にさくらちゃんの気持ちも落ち着いて、また遊びはじめた。お昼寝の時、隣同士のりゅうせいくんとやりとりしていたが、たたかれてしまったほくとくん。すると冷静に「なんでたたいたの!?」と聞き、りゅうせいくんは黙って何か感じているのか、ちょっとバツが悪いなという様子がうかがえた。ほくとくんの人へのかかわり方や言葉のやりとりはさりげなくて感心してしまう。

さくらちゃんでなくても、こんなやさしい態度で接してもらったら痛さは一度に吹き飛んでしまうだろう。さりげなさがなんともカッコイイ。冷静なほくとくん、やさしいだけでなく、言うべきことはしっかりと言葉にする。このクールさもいいね。おだやかに冷静に状況をよく見る。よく見てから行動する。相手の気持ちにそっと寄り添う。大人も学ぶところが多い。

言葉にしながら考える

次は、思わず笑顔になってしまうこうせいくんの言葉。言葉にしながら考え、考えながら言葉にしていく様子が伝わってくる。必ずしも相手に伝わらなくても、自分の言葉で納得していく。

12月28日　よかったねぇ

記…松浦

午睡の時、かんなちゃんがすみれちゃんのふとんにあった絵本が欲しくてひと泣きした。すみれちゃんが「どうぞー！　いっかいだけねー！」とかんなちゃんに絵本を手渡すと、かんなちゃんの涙が止まった。すると、絵本のページをめくっていくかんなちゃんに、こうせいくんが「ねぇ、さっきどうしてないてたのぉ？」と声をかけた。そぉーっとやさしく声をかけたので、絵本に夢中のかんなちゃんの耳には届かず、返事は返ってこない。それでもこうせいくんは「すーちゃんに、とられちゃったのぉ？」「でも、すーちゃん、かえしてくれたねぇ」「よかったねぇ」と独り言のように語り続けた。そしてもう一度「よかったねぇ〜」と満足そうにつぶやいて話を完結させた。かんなちゃんが気づかなくても、自分の中で筋道を立てて考えていき、〝あぁ、よかったぁ〟と思えたこうせいくんに「心配してたんだね。やさしいねぇ」と声をかけると、「う〜！」と照れる姿がまたかわいらしい。こうして友だちの姿に思いをめぐらせて、肯定的に受けとめる力が育まれていくのだなぁと感じた。

起承転結、ハッピーエンドのこうせいくんの物語（独り言？）に、思わず心があたたかくなった瑠璃子さん。「よかったねぇ〜」で終われるっていいなと自分をふり返る。子どもの言葉は、日々の大人の言葉かけから学んだもの。肯定的に受けとめる力が育つには、大人の肯定的なまなざしが欠かせない。

なるほど、そういう見方もあるのね

そして、子どものナイス発言に、大人は助けられる。

10月10日　さらりと代弁

記…清水

食事の配膳途中でこうせいくんが食べていたのを見た子どもたちが「あー！　まだだよ！」「今配ってるのに！」と話す。そんなに言い合わなくても……と思い、急いでお皿を渡そうとしたときに、さつきちゃんが「ちょっと味見したんじゃない？」とつぶやく。そんなふうに、サラッと代弁してあげるさつきちゃんっていいなと思った。

さつきちゃんの機転に、感心する清水さん。味見は、みつばち組から続くお楽しみなので、子どもたちもすぐに納得できる。

集団がスムーズに流れていくには、ルールが必要。しかし、ルールは、子どもが気持ちよく生活するためのもの。守るためのものになると途端に窮屈になるし、本末転倒だ。白か黒かのような一義的なモノの見方をするのは、このころの子どもたちの特徴でもある。だからこそ、大人は、子どもが安心して快適に過ごすために、柔軟で多様な見方を示したい。

さて、もう一つ、男の子同士の会話。ある・ないではない、もう一つの答えに納得した子どもたち。お昼寝の会話が楽しい。

11月26日　**動かないワニ**　記…松浦

ふとんに入って、そらくんが「あのね、そらね、どうぶつえんにいったんだよ。ワニがいたんだよ」と教えてくれた。ちょうど少し前にワニの話をしていたこうせいくんが近くにいたので、こうせいくんにもそらくんの話を伝えた。そらくんが「ワニ、うごかなかったよ」と言うので、そのこともこうせいくんに伝えると「ワニ、足なかったのかな」とこうせいくん。足がなかったから動かなかった、なるほど！とこうせいくんの意見に納得。その後、「足、あったよ」とそらくん。「えー、足ないよ」とこうせいくん。「足、みえなかったよ」とそらくんがうまい着地点を見つけて、やりとりは幕を下ろしたのだった。

新人保育士も成長しています

さて、名取さんも保育士として、半年がすぎた。毎日が感動と学びの連続だ。夏をすぎるころには、じっくりと一人ひとりの子どもの様子を見ることができるようになってきた。

子どものことをもっと深くわかりたい

9月21日　**りんごちゃん**　記…名取

最近、友だちの行動に対して「ダメだよね」「いけないんだよね」と報告したり、注意する場面がある。私は、真面目だからなのか？　と思っていたが、清水さんに話すと、りんごちゃんもやってみたいのかもね、と助言をもらい、りんごちゃんに対していろんなかかわり方をしてみようと思った。ただよいこと、悪いことで返すのではなく、違う角度で見たり考えたりしてかかわっていきたい。

子どもの言葉の裏側には、本当の思いが隠されていることがある。「ダメだよね」の本当の意味は、「私もやりたい」なのかもしれないと学んだ名取さん。子ども理解の奥深さを感じたのだった。「りんごちゃんもやってみたいのかもね」の清水さんのひと言から、子どもをもっとよく知りたい、もっと深くわかる保育士になりたいと思ったのだった。

日々の名取さんの子どもへのかかわりは、ぐんと落ち着きを増した。子どものぶつかり合いに立ち往生し、どうしようかと困っていた4、5月にくらべると、貫録さえ感じられる。次は、名取さんの成長と、子どもの成長がともに感じられるエピソードだ。

10月5日　あやめちゃんとりんごちゃん

記…名取

朝の合同の時間に、みつばち組でりんごちゃんがままごと用の青色のジュースを持っていた。あやめちゃんはそれが欲しくて何も言わずに取ってしまう。りんごちゃんは泣かずにグッとこらえて「まだつかってた」と言うと、あやめちゃんはムッとした表情で、ジュースを後ろに隠す。名取が間に入り、まずあやめちゃんに「りんごちゃん使ってたって。無理やりはイヤだよ」と伝えると、もっとジュースを後ろに隠し、渡したくない様子で、「あやめちゃんもつかいたかったぁ」と涙する。名取もりんごちゃんの気持ちしか伝えていなかったことに反省し、「あやめちゃんも使いたかったんだよね？　欲しかったんだよね？」とあやめちゃんの気持ちも言葉にしていき、りんごちゃんに伝えた。するとりんごちゃんは「だって、りんご、まだつかってたもん。かしてっていってくれなきゃ、りんご、ないちゃうんだもん」と、しっかりあやめちゃんに伝えた。「そうだよね」とりんごちゃんの気持ちを受けとめながら、あやめちゃんに「かしてって聞いてみよう」と言うと、ジュースは欲しいけど、かしては言いたくない様子。名取が「いっしょに言いに行こう」と言うと、「うん」と返し、りんごちゃんのところへ向かった。名取が「りんごちゃん、青色のジュース、あやめちゃん借りたいみたい」と言うと、「まだつかってる。きいろならいいよ」と言ってくれた。でもあやめちゃんは「あおいろがいい！」と、黄色を断る。「本当にいいの？」と聞き、「じゃあ、りんごちゃんが使い終わったら借りよう！」と言うと、あやめちゃんも少し落ち着き「うん」と納得した。

その後、少し経ってからりんごちゃんが「はい」と青色のジュースを渡してくれた。あやめちゃんは、それまでの浮かない表情が和らいでニコッとうれしそう。名取が「りんごちゃん、いいの？」と聞くと、「うん」とりんごちゃんもニコニコ。「ありがとう」と言うと照れた表情をして、それをごまかすように変な格好をして笑かしてきた。

場面は変わって、みずきちゃんがあやめちゃんの使っている青色のカエルが欲しくて涙した時、あやめちゃんは最初「ないよ」とウソをついていたが、最後は「はい」とみずきちゃんにかしてあげていた。その前に、りんごちゃんにかしてもらえてうれしかったからかもしれない。りんごちゃんもあやめちゃんも少しずつ成長していて驚いた。名取もおもちゃを取ってしまった人を責めるのではなく、取ってしまった子どもの気持ちもしっかりと聞き、受けとめていかなければいけないと改めて思った。

ものの取り合いは依然として続いている。この状況で、名取さんは、すぐに是非を判断して解決しようとせず、子どもとのやりとりのなかで解決の糸口を見つけようとした。

ここでも、子どもの成長がきらりと光る。「あやめちゃんもつかいたかった」と言ってくれたことで、りんごちゃんに傾きかけていた大人の気持ちのバランスは、あやめちゃんと釣り合った。

そうそう、どちらの思いも大事にしなければ。りんごちゃんも自分の思いをしっかり言葉にする。「だって、りんご、まだつかってたもん。かしてっていってくれなきゃ、りんご、ないちゃうんだもん」。こんなやりとりの中で、お互いの言葉を聞きながら、子どもは自分をふり返り、落ち着いていく。

どちらにも一生懸命に耳を傾けてくれる大人の存在があってこそ、子どもは安心して自分の思いを隠さず相手に伝えていく。名取さんは、その役割に気づきはじめた。

ここで、ちょっとあやめちゃんのこと。物の取り合いになると、どうも形勢不利になるあやめちゃんだが、これは、あやめちゃんの一面にすぎない。あるいは、成長とともに変化していく過程の中の、今の姿なのだろう。あやめちゃんの魅力はいっぱい。名取さんも感心してしまう。

11月1日　あやめちゃんの遊び

記…名取

今日はあやめちゃんが一番に登園。まずはゆったり1対1で「絵本読んでー」と甘えるが、満足した

のか「（キッチン）出して」と言い、あやめちゃんの遊びのスイッチON！「ハンバーグつくるから、名取さん座ってて」と言い、フライパンにお手玉を乗せてつくりながら、「お茶でーす」と待っている間、お茶まで出してくれる。その後「はい、できましたー」と出してくれ、「フォークもらえますか？」と聞くと、ナイフとフォークのように2本出してくれ、その後ホットケーキもつくってくれた。あやめちゃんの遊びって、リアルでおもしろいなーと大人の私でもいっしょに遊んでいて楽しかった。子どもたちからしても魅力的で〝楽しそうだな〟と感じるのだと思った。そこでぶつかり合うことも多いが、これからもどのような遊びや、やりとりをしていくのか見ていきたい。

続きの姿もしっかりとらえる

もう一つ、ぶつかり合いの場面。ぶつかり合いは、大人にとっては、やっかいだが、それぞれの思いが大きくなって、出し合えるようになった成長の証だ。しかし、思いが強くなると同時に力も強くなっていく。名取さんも、他の大人と同様、体を張って、興奮をおさめる場面が増えてきた。

10月3日　れおくんとりゅうせいくん　記…名取

れおくんがさなえちゃんとそらくんといい感じで遊んでいる際、りゅうせいくんがブロックでうまくいかず泣きべそをかきながら「できないんだよ～」と名取に訴えた。近くにいたれおくんは〝どうしたの？〟という気持ちで、ブロックをさわった。けれどりゅうせいくんは〝こわされそう！〟と思ったのか、近くにあったブロックをとっさに投げてしまい、れおくんのおでこに当たった。れおくんは完全に怒って、りゅうせいくんに同じようにブロックをたくさん投げようとした。名取が「落ち着いて」と手を握り、れおくんの気持ちを一つひとつ言葉にすると、れおくんはやり返したいができないのと、くやしいのと痛いのとが合わさり「あーーー!!」と何回も叫んだ。名取が「うん、うん、イヤだったね」とれおくんの気持ちに寄り添い続けると、気持ちが落ち着いたのか、小さな声で「イヤだった。痛かった」と言った。「イヤだったね。ブロック投げられて痛かったんだよね? だからやり返したかったんだよね? でも投げられたらりゅうせいくんも痛かったよね?」と、れおくんの気持ちを全部代弁し、りゅうせいくんに伝えた。その後、りゅうせいくんがブロックで遊んでいるところにれおくんが行って、車に人形を乗せようとする。名取が「いい? って聞いてみたら?」と言うと、れおくんが「いい?」と聞いて、りゅうせいくんも「いいよ、おわったらかすから」と言ってくれた。ぶつかり合いもあったけど、れおくんがりゅうせいくんの気持ちをくもうとしていていいなと感じた。

トラブル発生の原因は、ほんのちょっとの勘違い。ひと言添えるだけで防げそうなものだが、そうはいかないのが世の常。このエピソード、最初のぶつかり合いだけでなく、その後のれおくんとりゅうせいくんの心地よいかかわり合いまでが描かれている。子どもが、その場かぎりで生きているのではなく、過去から未来に続く自分の物語のなかで生きているのだと教えてくれる。そして、名取さんが、自分の一つひとつの保育行為が、子どもの心と体の中に刻まれ、その後の子どもの姿につながっていくのだと意識するようになったことが伝わってくる。

コラム⑦　磨きがかかるユーモアセンス

子どもも大人も笑いが大好きなクラスだった。10月24日の「へっくしょ～ん‼」（174ページ）は、幼児クラス担任の高木順子さんの遊び心が光るエピソード。高木さんは、大ベテランの保育士で、遊びがおもしろい。若い人たちは、その姿からいろいろ学んできた。

清水　「よく、あんな遊びを思いつくなって、感心してしまう」
筆者　「最初から、へっくしょ～んで倒れることはしなかったんでしょう。どうして子どもが倒れるようになったのかな」
清水　「最初は、キャハハハッて大笑いだったんですけど、そのうちだれかが転がったんですよね。そうそう、あとずさりしながら、転がった。大人も、そんな反応をするとは思っていなかったから、おもしろくて、『もう一回やって』て言ったら、転がってくれるようになったんですよ。そこに、高木さんのせみ組（３歳児）の子が来て、てんとう組の子も、集まってきて」
筆者　「てんとうさんは、ひっくり返る役になったわけね」
清水　「そう。せみ組が、〝へっくしょ～ん〟ってすると、てんとうが、みんないっせいにひっくり返るっていうのをくり返してると、どんどん人数が増えて、みんな来たんですよ」

こんな話で大笑いしていると、清水さんは、そういえば、その前にも似たような遊びをしていたことを思い出した。

清水　「それ、前にもやった。なんだっけ。何ごっこか忘れちゃったけど、追いかけごっこみたいなので」

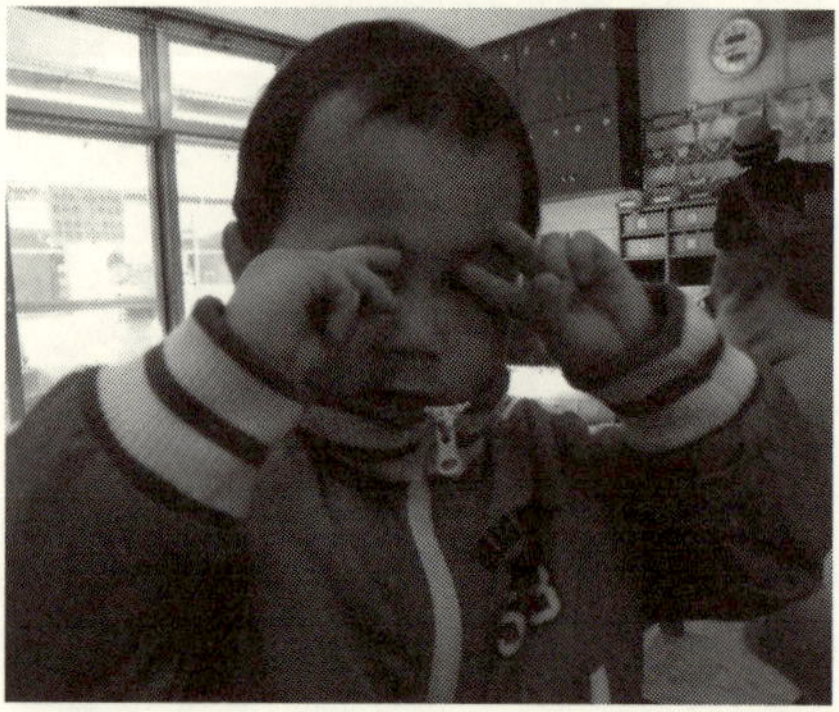

子どものアドリブセンスは、子どもたちに負けず劣らず、楽しいことが大好きな大人たちによって日々くり広げられる遊び心いっぱいの名演技に刺激されて磨きがかかっていく。若い大人たちは、ベテランが思いきり楽しむ姿を見て、子どもと楽しむ技を盗みつつ、安心して子どもといっしょに大笑いできるのだろう。

冬
1月〜3月

乳児から幼児へ

個々の成長・クラスの成長

乳児クラスはあと少しで終わる。子ども一人ひとりとのていねいなかかわり合いももうわずかかもしれないと名残惜しい気持ちと、だからこそ、あと3ヵ月、しっかり子どもとかかわっていこうと決意を新たにする大人たちだ。

大きくなったら……

そんな、ある日ののどかなひと時。子どもって本当におもしろいと思える瞬間が大人に活力を与えてくれる。

1月18日　空も飛べるはず

記…松浦

夕方のちょっとしたふれあい遊びのひと時。松浦が寝転がり、「すみれちゃんが空を飛びまーす!」と言いながら、すみれちゃんを足で持ち上げ飛行機をしていた。すると、りゅうせいくんが「エンジンないから、とべないよ」と真面目に教えてくれた。すみれちゃんはニコニコしながら「すーちゃん、おおきくなったらとべるようになるぅー」と夢をふくらませる。りゅうせいくんは考えながら、「でも、とんぼ(4歳児)やかぶと(5歳児)もとんでないからエンジンついてないよ」と、身近な大きい人たちの姿から推測して、う~んと悩んでいた。〝おおきくなったら、とべるようになる〟と夢いっぱいのすみれちゃんと、とても現実的なのに、すみれちゃんの言葉にゆれるりゅうせいくんの、なんともほほえましいやりとりだった。

すみれちゃんのファンタジーあふれる夢とは対照的に、乗り物好きのりゅうせいくんは、飛行機に乗って海外に行くリアルな夢をふくらませていく。

3月5日　りゅうせいくんとの会話

記…松浦

松浦　　　:もうすぐりゅうせいくんもせみ組だね。
りゅうせい:りゅうせいくん、しごとやめようとおもうんだ。

松浦　：え、なんのお仕事してるの？
りゅうせい：パソコンのしごと。
松浦　：あ、じゃあパソコンの仕事辞めたらどうするんですか？
りゅうせい：かいがい、いこうとおもうんだよねー。

まるで大人対大人の会話をしているようでおもしろかった。ちなみに、清水さんもこの話は聞いたことがあり、松浦もあとでこの話をもう一度聞いたところ、りゅうせいくんの今後としては、カナダへの留学か、大韓航空に乗って韓国のりをつくる人になるという展望を持っていた。

このエピソードのりゅうせいくんもさることながら、子どもたちそれぞれの成長が楽しい。個性あふれる子どもたちだ。

助け合いにも成長のあとが

自分のことはさておき、人のことが気になる子どもたち。自分は着替えなくても、友だちの手伝いならはりきってする。このおせっかいが、子ども同士をつなげていく。

記…松浦

1月7日　自分ではできないけど……

着替えの場面では、長袖を脱ぐのがむずかしかったり、大人に手伝ってほしかったり、なかなか1人でできない人もまだまだいる。そんな中、さくらちゃんが「やって〜」とりゅうせいくんに助けを求めた。りゅうせいくんはさくらちゃんの袖をひっぱりつつ、「あのね、てぶくろをひっぱるみたいに！　そうそう！」とアドバイスをして、さくらちゃんが脱ぐのを手伝ってあげていた。そして最後まで見届けると、「うわぁー！　できたね‼」と心の底からさくらちゃんをほめて、自分はドスン！　と大人の膝に座って着替える気はまったくなさそう。そこへさくらちゃんがやって来て、「やってあげようか？」とりゅうせいくんに声をかけ、トレーナーを脱ぐのを手伝った。それがうれしいりゅうせいくんは、自分でズボンを脱ぐとサッと着替えをすませてしまった。さくらちゃんの心配りにやる気がみなぎったのだろう。自分ではできないけれど、友だちに助けてもらったり、頼りにされたり、自分が力になれたり……。そうした喜びが積み重なっていく様子がなんともほほえましかった。

ほのぼのとした着替えでの助け合い。似たようなエピソードはみつばち時代にもあった（61ページ）。でもあのころは、助けるほうも、助けを求めるほうもまだまだおぼつかなかった。一つ大きくなったてんとう組の助け合いは、かなり違う。

自分ではできないけれど……というより、自分ではやる気にならないけれど……なのかもしれない。大人に対しては、甘えたい気持ち、見てもらいたい、認めてもらいたいというアピールする気持ち、あるいは、仕方ないとがまんしたり従う気持ちなど、どこか駆け引きのような気持ちがまじりあう。でも、仲間とはちょっと違う。純粋に、かかわってうれしいという気持ちがわいてくる。だから、やる気もわいてくる。そんな子どもたちの関係がつくられてきた。

ケンカの仕方も変わってきた

相変わらず、迫力あるケンカはあちこちで勃発している。しかし、爆発の仕方や冷め方は、少しずつ変わってきている。

1月22日　振り上げたこぶし

記…松浦

片づけの時、りゅうせいくんとほくとくんがたたき合いになった。りゅうせいくんが大きくこぶしを振り上げたところに、少し離れたところにいた松浦が「たたくのはイヤだよ！」と声をかけると、りゅうせいくんはほくとくんではなく、その隣のキッチンをドンドンとたたいた。近くに行って話を聞くと、りゅうせいくんは「りゅうせいくん、かたづけてたら、（ほくとくんが）せなかドンドンってたたいた！」と話し、ほくとくんは「イスの、ここ（背もたれ）にのったら、ダメだよっていいたかった」とのこと。どうやら、牛乳パックのイスが並んでいるところを足場にして、棚にブロックを飾ろうとしたりゅうせいくんを、そこに座っていたほくとくんが〝ぼくとのイスに乗らないで〟とあせってたたいてしまったようだ。状況がわかり、スッキリとはいかないものの、さっきの怒りの熱は冷めたようだった。２人とも、しっかり自分の考えを話してくれたこと、さらにりゅうせいくんが、よくぞあの振り上げたこぶしを、ほくとくんではなくキッチンにおろしてくれたなということ、その成長に頼もしさすら感じさせられたケンカの一幕だった。

話せるようになってきたことは、たしかに大きい。大人は、状況を理解し、整理しやすくなった。子どもは、状況がわかっても、にわかに気持ちがおさまるわけではないが、大人は、わかるとスッキリする。その安心した顔を見ると、子どもは気持ちが落ち着いていく。ケンカの場面も子どもの成長が感じられる瞬間だ。

気づけば余裕の散歩道

散歩の行き帰りは、大人にとっては、緊張感をともなうもの。もちろん今でもそうだが、道なりのいろいろなドラマを楽しめるゆとりが持てるようになってきた。

2月20日　散歩での手つなぎ　記…清水

手つなぎで散歩に出かける際に「手をつないでいる時は走っていいんだっけ?」と子どもたちに聞くと「ダメー!」と答えた。するとれおくんが「おててつないでるお友だちが転んじゃうんだよね」と教えてくれた。いざ出発すると、れおくん、みずきちゃん、きよみちゃんの3人でつないでいたのだが、転んでしまい、みずきちゃんが泣いてしまった。大人が助けてまたまた歩きだすが、みずきちゃんのすすり泣く声が聞こえると「ごめんね……」と声をかけるれおくんだった。すると反対側のきよみちゃんが「きよみがひっぱったから……ごめんね」と声をかけ、2人がやさしく接してくれた。その気持ちが伝わったようで、その後はおしゃべりしながら公園まで歩くことができた。友だちの言葉や気持ちにい

園のすぐ前の道は、車が入らない遊歩道になっている。

ろんなことを感じてそれぞれに思いを寄せる姿がいいなと思った。

みずきちゃんの痛い気持ちがわかって、やさしくいたわるれおくんときよみちゃん。だれかに言われたわけではない、心からの「ごめんね」という言葉で友だちを気遣う。

おしゃまな女の子たち

だが、こんな麗しい場面がいつも続いているわけではない。言葉が一層増え、言葉でのやりとりが自由になってきた子どもたちは、言葉のまちがいに敏感になるようだ。

2月27日　子どもたちのツッコミ

記…名取

朝の自由遊びの時間に、さつきちゃんとさなえちゃんが歌のおねえさんごっこをしていた。さつきちゃん「今日は、あかりをつけましょの歌を歌います。せーの！　あかりをつけましょ桃の花～」。遠くで聞いていたみずきちゃんが「まちがえてんじゃん」とさつきちゃんたちには聞こえないくらいの声でつっこむ。そこできよみちゃんが2人の前に行って、真剣な顔で「まちがってるよ！　ぼんぼりにだよ！」と強めにつっこむ。さつきちゃんは普通に歌詞をまちがえていたが、「わかってる！」と怒り口調。きよみちゃんは〝教えてあげたのに‼〟とばかり、プンプンしながら立ち去る。そしてまたさつきちゃんとさなえちゃんは歌のおねえさんになりきって歌う。子どもたちそれぞれの反応と対応がおもしろかった。

言葉巧みな女の子たちのやりとりの一場面だ。言葉での応戦。お互いに負けていない。このころ、大人は、てんとう組の女子のかかわりや、やりとりがちょっぴり気になっていた。言葉は上手だけれど、その分、言葉で傷つけ合うようなことが増えていると感じていた。

3月8日　しおんちゃん、さつきちゃん、みずきちゃん

記…名取

仲よしで言葉も上手な3人が園庭でもめていた。遠くから様子を見ていると、さつきちゃんが涙した。名取が駆けつけ「どうした?」と声をかけると、そばにいたみずきちゃんが「しおんちゃんが無視したの」と説明してくれた。名取がさつきちゃんに「無視されたのがイヤだった?」と聞くと、うなずいた。そこでしおんちゃんに「お話ししたい」と言って呼ぶと、少し泣きそうな顔でこっちを見る。そこでみずきちゃんが「無視したんだよ!」と少し強めに言うと、しおんちゃんも強く「無視してない!」と言い返した。大きな声と、自分が責められたことでみずきちゃんも涙した。名取がしおんちゃんを呼び、話をすると、「さつきちゃんが、みずきちゃんをおかあさんに選んだのがイヤだった」と主張する。よくよく話を聞いてみると、さつきちゃんがバブちゃんで、みずきちゃんがおかあさんのごっこ遊びをしていて、そこにしおんちゃんが加わりたかった様子。「入れてとか、いい?　とか聞いてみた?」としおんちゃんに聞くと、首を横に振る。さつきちゃんも「入れてとか言ってくれなきゃイヤだった」と返す。みずきちゃんも自然に泣きやみ、しおんちゃんから「入れて?」と言うと「いいよ」と答えていた。やりとりが上手な女の子たちも自分の気持ちを強く出したり、思いを通そうとして相手に強く当たったりなど未熟な面も多い。ていねいに見ていきたいなと感じた。

『無視』というより、しおんちゃんが無理やりおかあさんごっこに入ろうとしたことがイヤだったようだ。『無視』の意味が違うようだが、大人は、『無視』という言葉を聞くと、たじろいでしまう。表面的な言葉に反応しすぎないほうがいいのだろう。言葉が流暢なだけに、言葉だけをとりあげると、本当に何が起こっていたのか、また、子どもの本当の気持ちはどうなのかが見えなくなる。言葉は達者でも幼児クラスの子どもたちとはやはり違う。幼児クラスが長かった瑠璃子さんは、「このクラスは、言葉はけっこう達者に出てくるけれど、気持ちと言葉がどの程度つながっているのかなって疑問に感じながら保育していた」と語る。大人は、子どもの言葉にまどわされず、しっかり向き合うことが必要なのだと肝に銘じていた瑠璃子さんだ。

さて、先ほどの仲よし女子グループの遊びでは、余裕なく必死の姿だったしおんちゃんも、場面がかわれば、おだやかなステキなやりとりをするおねえさんの顔になる。

3月13日　しおんちゃんの心のゆとり

記…松浦

午睡の時間、かんなちゃんが床に落ちていたビニール袋を拾ってふとんに持ちこんだ。それを見ていたしおんちゃんが「あ、しおんのかも」とつぶやいて、「ごめん、あった?」とかんなちゃんに声をかけに行った。「おちてた?」「これね、しおんがもってきたんだとおもうんだ」「ごめんね、しまっておくね」と静かに話しかけるしおんちゃんに、かんなちゃんもすんなりビニールを手渡した。手は出ることは減ったが、そのぶん大きな声で「それ○○ちゃんのー!」と怒りをぶつける姿が目立つ子どもたち。今回もそうなれば、「これ、かんなちゃんがみつけたのー!!」と気持ちのぶつかり合いになっていただろう。そうならずに落ち着いた口調でやりとりをしたしおんちゃん。心のゆとりがすごいなと思った。しおんちゃん自身、大きな声で気持ちをぶつけていた時期もあったが、だんだんとそれもなくなってきている。あせって自分の気持ちをぶつけるやりとりから、心にゆとりを持ってのやりとりへ。みんなも少しずつ移り変わっていくんだろうな……と、しおんちゃんの姿からみんなのこれからの成長が見えた気がした。

子どもは、成長の過程で、大人をちょっと手こずらせたり悩ませたりする姿を見せることがある。でも、その変化を成長ととらえつつ、子どもの一面だけを見るのではなく、あるいは、一場面だけをその子のすべてだと思い込まずに、広い視野で子どもを見守りたい。しおんちゃんのステキな姿に、これまでのいろいろな姿を重ね合わせながら、その成長をかみしめた瑠璃子さんだった。こんな女の子たちとは一線を画して、マイペースに過ごす男の子たちの姿も変わってきた。

マイペースな男の子たち

大人は子どもが困っていると、つい助けたくなるし、教えたくなるもの。でも、子どもが求めているのは、そうではなかった。子どもの気持ちを大事にすることを思い出させてくれたエピソード。

3月14日　「大丈夫！」って言って！　記…清水

りゅうせいくんが引き車に泥んこをたくさん入れて、三輪車に引っかけて走らせていた。ちょうど水たまりができていたぬかるみのところにはまってしまって動けずにいた。「重〜い！」と助けを求めるので、「(引き車に泥が)たくさん入ってるからじゃない？　少し減らす？」と聞くと、「やだ」。「じゃあコンクリートのところ走ったほうがいいかもね」と話すと、「んー、大丈夫って言ってよ！」と言う。その様子に、そうか！　応援してほしかったのか！　と気づき、「ごめんね！　がんばれ〜！　大丈夫だよ!!」と声をかける。すると力づくでひっぱり、通り抜けることができた。りゅうせいくんが言葉で伝えてくれたことで、りゅうせいくんの思いに気づいて声をかけることができた。いろいろ手立てを教えてあげようと思っていたが、まずはりゅうせいくんのやりたい気持ちを受けとめなきゃなと、改めて思うことができてよかった。

子どもの思いを第一に考える。これが、てんとう組の、いや、バオバブ霧が丘保育園の保育の信念だ。しかし、つい、うまくとか、効率よく、などという、大人社会の論理を持ち込みたくなる。その瞬間、自分の力を試したいという子どもの思いは置き去りにされてしまう。そのことに気づいた清水さん、子どもの姿から学ぼうとする姿勢を改めて確認したのだった。心も体も着実に成長している子どもたちに、てんとう組の他の大人たちも、思いは同じ。

2月22日　こわいを乗り越えて

記…松浦

今日は霧が丘公園の山にヤツデの葉っぱを探しに行った。茂みの斜面をのぼりはじめてすぐ、すみれちゃんが「こわい〜！」と言って足をすくませた。するとほくとくんが「大丈夫？」と声をかけて手を

差しだし、すみれちゃんに「こわいんだよねー」と共感していた。

春のころはこわがって大人の助けを求めていたほくとくんがずいぶんたくましくなったなと思う。当時は自力でのぼってほしいけど、でもそれで苦手意識がついて後々楽しめなくなるのもイヤだし、大人の助けを借りて味わう〝できた〟という達成感はこれからにつながるだろうと助けていた。今は友だちを手助けするほくとくん。その上、「るりこさん、抜いちゃったよ!」と言ってみたり、大人が先に行こうとすると「抜かないでよ!」と怒ってみせたりした。子どもの育つ力ってすごい。それを信じてその育ちをどう支えるか考えて保育していきたい。

たくましくなった子どもの姿に感動するとともに、日々変化する姿に、自分の保育を常に更新していかなければいけないと身を引き締める瑠璃子さんだ。子どもとともに成長していこうとする意気込みが感じられる。

多様化するごっこ遊び

ごっこ遊びは、男の子と女の子でますます個性的になってきた。なんだか、役割があるようでないゆるい感じの男の子のごっこ遊び。イメージもそれぞれ違うようだが、〝働く車〟でつながっている。

葉っぱのふかふかおふとん。

1月28日　男の子のごっこ遊び

記…清水

幼児の畑の前にある流木のところの砂山に、押し車や三輪車など自分たちが乗っていたものを止めて、「消防車です！」「ポンプ車来ました！」と働く車ごっこをして遊ぶりゅうせいくん、れおくん、そらくん、こうせいくん。車が大好きで、それぞれのイメージしていることは少しずつ違うようだが、〝働く車〟は共通なので、「助けに行きます！」「すぐに電話しよう」というフレーズには反応してやりとりをしているのはおもしろい。りゅうせいくんが流木と壁の隙間にうまく入り込んで、ちょうど流木の下の隙間の通り道から出て来て、「助かったー！」と言っていた。それを見たれおくんもニヤニヤして同じようにマネして、出て来た時の表情はとてもうれしそうだった。そらくんは他のところへ行き来しながら会話に参加している。こうせいくんは大人に「今、ポンプ車来るよ！」「ケーサツです！」と自分のやりたい役を言って楽しんでいる。月齢差などもあるが、女の子の遊びと違い、男の子の遊びっておもしろいなぁ～と見ていた。それぞれのイメージが、同じ場所にいることで、なんとなくごっこ遊びになっているのがこの時期の遊び方なのかなと思った。

ちょっとした場所と小道具がごっこ遊びを生み、広げてくれる。男の子は、やっぱり車が好きらしい。ハンドル一つで、遊びは広がる。

2月25日　イメージの広がりとつながり

記…松浦

加藤さんがつくったハンドル（ダンボール・新聞紙製）によって、子どもたちの遊びが広がっている。

今日は松浦が2組のイスを2列に並べてダンボールで囲っておくと、さっそくそこへれおくんがハンドルを持ち、牛乳パックのブロックをたくさん持ちこんで宅急便屋さん気分に。それに気づいてそらくんが仲間入りすると、れおくんが手のひらサイズの長方形の積み木を2つ持って来て、1つをそらくんに渡した。2人は車の前列に並んで座り、積み木をそろって口元に当てて、「もしもしー!」「前の車、止まりなさーい!」と警察官に。れおくんが車をおりて「いこーよ!」とそらくんを誘う。それに応えて車からおりたあとで、あさっての方向へ行ってしまうそらくんを「こっちだよーう」と笑って呼ぶれおくん。2人で部屋を巡回し、あんずちゃんに敬礼したり、部屋の隅でポーズを決めて、「う～～～!!」と力んでみたり、すごくいい雰囲気だった。ハンドルがあることでイメージが広がり、それを友だちと共有してつながれている。警察やゴミ収集、宅急便……あこがれの仕事の小道具を増やしたら、もっと遊びが広がるのではないだろうか。

消防、警察、ゴミ収集、宅急便……とあこがれの職業に共通なのは、やっぱり働く車。ハンドルはなんにでもなれる優れものだ。ハンドル一つで夢は広がる。

さて、女の子たち。冬の寒さもなんのその。冬の青空の下、虹色トンネルは、大にぎわいだ。すっかり役になりきる女の子たち。男の子と女の子は、同じ空間にいても見ているものが違うようだ。

記…名取

1月31日　おうちごっこ

天気もよく、虹色トンネルにゴザを敷いて、おうちごっこを楽しんだ。しおんちゃんがおかあさん役、

あやめちゃんは赤ちゃん役、きよみちゃんがおねえさん役、名取が妹役で展開していく。名取が「お腹空いた～」と言うと、しおんちゃんが「ごはん今つくってるからね～。先お風呂入って来て」とおかあさん役に徹する。そらくんも加わるが、女の子ほど役割が確立していなく、パパになったり赤ちゃんになったり、時にはお医者さんにと変わる。そこにフラッとさつきちゃんが来ると、自然にしおんちゃんが「入ってって」と誘い、さつきちゃんも自然にお客さんになりきる。しおんちゃん「コーヒー淹れるから」、さつきちゃん「ありがとうね。うち、コーヒーなかったから。ありがとう～」とお互いなりきっていておもしろかった。しおんちゃん「こんにちはって挨拶して」と名取たちに言う。気分が乗らずに挨拶しない女の子たちに、さつきちゃんは「こんにちは～」と声をかける。本当に大人のように見えて笑ってしまった。女の子たちの役になりきる姿がおもしろく、女優のようだった。女の子のごっこ遊びはリアルで、日々おかあさんやいろんな人たちの会話をよく聞いて、なんとなく理解しているのかな？と感じた。

女の子たち、天性の女優なのかも。

こうして、3ヵ月がすぎ、進級も目の前に迫ってきた。

いよいよせみ組へ

進級を意識しはじめた子どもたち。せみ組（3歳児クラス）の部屋は、玄関をはさんで反対側。

調理室、事務室、ホールを通り越した向こう側にある。乳児クラスのように、ひとつずつ隣の部屋に移動するのとはわけが違う。これまでは、そんな小さな移動も子どもたちには大きな変化だった。ところが、せみ組への引っ越しは、子どもにとってワクワクするようなうれしい出来事のようだ。期待感いっぱいの子どもたちだ。

3月27日　子どもだけで分かち合いたい喜び

記…松浦

昨夕、庭で女の子たちと会話していた流れで、「明日、せみにお引っ越ししちゃおうか!」と話すと、「いぇい、いぇーい!」と喜び合う。松浦もいっしょになって「いぇいいぇーい!」と喜ぶと、「るりこさん、ずるーい!」とさつきちゃん。「なんでずるいの?」とたずねると、「こどもだけでいぇいいぇいするから、るりこさんはよろこばないでー!」とのこと。「えぇー、るりこさんもいぇいいぇいしたいー」と言うと、さつきちゃんは女の子たちに「じゃあさ、違うところでいぇいいぇいしよっ!」と声をかけて、おもちゃ置き場の奥へ。「いぇい、いぇーい!」とみんなの楽しそうな声。ひとり取り残された松浦だった。子どもだけで喜びを分かち合いたい気持ちが出てきたんだな～と成長を感じた、ちょっぴり切なくおもしろいやりとりだった。

こうして、てんとう組の1年間が終わった。子どもも大人も精一杯成長した一年だった。4月から新しい生活が待っている。幼児クラスになって、どんな成長が待っているのか楽しみだ。

コラム⑧　女の子と男の子のごっこ遊びの違い

1月28日の「男の子のごっこ遊び」（199ページ）をめぐって、話が盛り上がった。

筆者　「男の子と女の子では、ずいぶんごっこ遊びの雰囲気が違うわね」
清水　「イメージは、働く車でいっしょなんだけど、それぞれで遊んでいるというか、みんな違うことをしてるんですよね」
筆者　「場所は？」
清水　「今は、ウサギ小屋があるあたりで、木の枝からひもがタラリと垂れていて、それをホースに見立てて『火を消します』とか、みんな、働く車になって遊んでいるんだけど、それぞれ違う働く車でね」
松浦　「それぞれ、自分のつもりでやっているのね。男の子って、こうなんだって思った。女の子って、遊びをふくらませていく中心人物がいて、そこにつながっていく」
筆者　「女の子は、仕切る子がいるっていうわけね」
松浦　「女の子って、言葉でイメージを共有するんだなって。だから、言葉一つでつながり合えるんだけど、男の子は、そういうところがちょっと弱いのよね。それで、加藤さんがつくってくださったハンドルでイメージがつながる。男の子って、小道具でつながるんだなって、私には、発見だったな」

瑠璃子さんの発見話は続く。

松浦　「新聞紙を使って簡単につくれる小道具一つで、こんなふうに遊びがつながって広がっていくんだって思うと、すごくおもしろくて、このエピソードのあと、小道具づくりをけっこうやってましたね」
清水　「瑠璃子さん、帽子とかつくってたよね。おまわりさんとか、消防士さんとか」
松浦　「そう、帽子のマークを張り替えると、役柄を変えられるようにしたのよ。おまわりさんとか、消防士さんとか、工事現場の人とか。キャップ型とヘルメット型をつくったのよね」

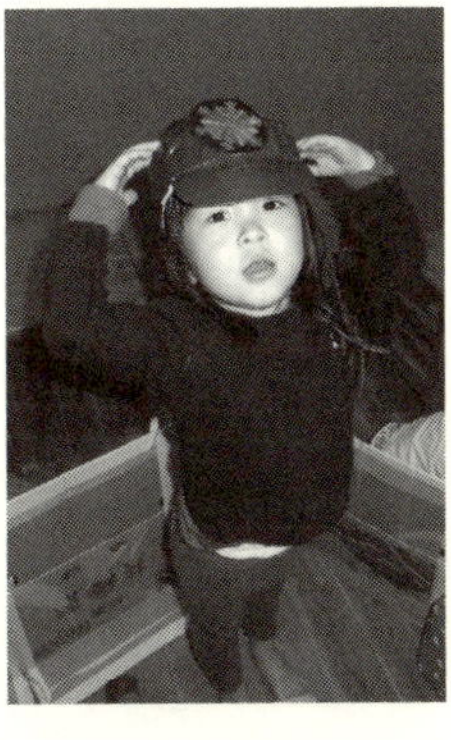

目の前の子どもの姿から、発達を理解し、遊びを広げていく。これぞ、保育士の専門性なのだと感心した会話のひとコマだった。

子どもの今が輝くために

さて、子どもと大人がともにつくりあげてきた、かけがえのない2年間のクラスの物語は終わりに近づいてきたようだ。

思いきり遊び、ぶつかり合い、泣いて笑った日々が、エピソードを通してよみがえり、子ども一人ひとりの輝きが浮かび上がった。子どもの2年間の成長は、大人の成長でもあった。遊ぶことが大好きな子どもたちは、大人の遊び心を刺激し、もっと楽しくしたいという意欲を育てた。そんな、活気あふれるクラスだった。

「楽しい」が育むもの

紹介しきれなかったたくさんのエピソードがある。その中には、子どもと大人が全身で楽しむ姿が描かれている。もう少しだけ、エピソードでふり返ってみたい。
これは、みつばち組のエピソード。

1歳児クラス　8月17日　**こわいけど楽しい！**　記…清水

庭にスプリンクラーがあり、興味を持つ子どもたち。遠くにいても風に乗って水しぶきが飛んでくるので、近づきたいけどちょっとこわい。遠くの方から手を伸ばすれおくんや、気になるけど近づけないあやめちゃんなど、いろんな姿があった。そんな中、大はしゃぎで濡れることを楽しむしおんちゃんの姿がとても楽しそう。そらくんは「こわい……」と言ってまわりで観察。そこで反町さんがまわりを走りだすと、いっしょにきよみちゃんが走り、そらくんもついていき、楽しくなってきた。手を上げ下げして盛り上がり、服もびしょ濡れになって楽しんでいた。大人がいっしょにやることでやってみようと思い、楽しい経験がひとつできたんだなとうれしく思う。

水で全身びっしょりになりながら、まるで空を飛ぶように手を上下しながら走りまわる子どもたち、そして、大人。プールとはひと味違う水遊びの醍醐味に、子どもたちの歓声が園庭に響きわたる。
てんとう組からも、日常の何気ないエピソードを一つ。

2歳児クラス　6月17日　**まるくなーれ！　わーになれ！**　記…名取

朝おやつ後、梅ジュースづくりまでの空いた時間に、清水さんの「まーるくなーれ！」という声が聞こえると子どもたちがスーっと集まり手をつないで輪になった。その後「1、2、3!」の声とともに「わぁー!」とみんなで倒れ、部屋の雰囲気がとてもよくなり盛り上がった。子どもも大人も楽しみ、とてもいい時間だった。何回も「もっかい!」とくり返し、2歳でこんなにわらべ歌を楽しめるのだと感心した。一人ひとりじっくり遊ぶのも大切だが、みんなで一つになって楽しめる遊びやわらべ歌も大事にし、これからも取り入れていきたいと感じた。

大人は、子どもが、たっぷり遊んで、満足することを大切にしてきた。だからこそ、大人もいっしょに遊んでともに楽しんできた。そして、楽しい気分を分かち合ってきた。楽しい気持ちをともに味わうこと、それが共感のポイントだ。満足と共感は子どもの自信の根っこをつくり、自分を大切に思う気持ちが育っていく。

大人も持ち味の違いを大切に

大人は、子どもと楽しむ他の大人の姿を見ながら、自分の保育を磨いてきた。取り入れられた保育は、その人らしさになって発揮された。いろいろな大人がいるから保育がおもしろくなる。

これまでにも別のエピソードで登場したことのあるピーポーごっこの風景がある。これは、みつばち組の5月の姿。

1歳児クラス　5月18日　**おくすりごっこ**　記…清水

昨夕ホールでさつきちゃんが転んでしまった時にピーポーピーポーと駆け寄り、ブロックでつくった薬を飲ませると元気になり、大笑い。そのやりとりが楽しかったようで、わざと倒れて泣きマネをしては、あやめちゃんとしおんちゃんに薬を飲ませてもらうのをくり返していた。部屋に帰ってからも続いた。そして今朝も倒れて〝エーン、エーン〟とアピール。あやめちゃんは何かを探している様子。そこで茶碗にお手玉を入れて渡すと、さつきちゃんの元へ行って渡すあやめちゃん。さつきちゃんも元気になる。昨日した遊びを覚えていて、今日もまた楽しんでいた2人。楽しい遊び、記憶って残るんだなと思った。楽しいことをいっぱいしたいなと、2人の笑顔を見ていて思った。

〝しーさん救急車〟が、転んでしまったさつきちゃんを助けに来て、さつきちゃんはすっかりモードチェンジ。泣くのを忘れて、大笑いになる。まわりの子どもたちも巻き込んでごっこ遊びの世界が広がっていく。涙を笑いにしてしまう遊び心は、子どもに伝わり、笑うことが大好きなクラスがつくられてきた。

「遊ぶときは、子どもと同じ目線で同じ立場で遊びたいと思っているんです。子どもと肩を組むみたいに。同じ仲間と思ってくれるのがうれしい」という清水さん。子どもと同じ目線でかかわるというのは、おそらくどの大人にも共通している。しかし、表現の仕方が違う。だからおもしろい。たとえば、瑠璃子さんは、なかなかのしかけ人。環境設定の名人だ。

２歳児クラス　８月14日　イメージを重ね合って　記…松浦

今日は少人数だったため、ダンボールでままごとコーナーの一角を区切り、そこに小さなダンボールで囲った〝お風呂〟や、ままごと用のイスを置いて〝トイレ〟、手づくり箱をひっくり返して〝テーブル〟にそれぞれ見立ててみた。すると、さっそくそこに女の子たちがやって来て、しおんちゃん、あやめちゃん、さくらちゃんがごはんをつくりつつ、かわるがわるトイレへ。とっても身近な〝トイレ〟が、ままごとの世界に現れたことがすごく新鮮で楽しかったようだ。こちらが「ちゃんと拭いてね！」と言うと、「はーい！　ガラガラガラ……」とトイレットペーパーで拭いて流すマネをリアルに行うあやめちゃん。そして「がっこう、いってきまーす！」と学校ごっこに。そこにさつきちゃんが入って来て、座布団の上に寝転がり「おねつでちゃった！」。あやめちゃんたちが「おいしゃさんにいこう！」「おかねもっていくね！」と名医・雄一郎先生の元へ。しかし、さつきちゃんの熱は下がらず、さくらちゃんが「きゅうきゅうしゃ、よぶね！　ピーポーピーポー……」と救急要請。あやめちゃんは「ドーナツたべれる？」と介抱を続ける。ままごと遊びから学校ごっこ、お熱ごっことふたつのイメージが出て来て、それをうまく重ね合わせながら、また友だちとつながりながら遊ぶ様子がおもしろい。単純に〝ままごと〟だけでなく、そこにさまざまな要素が加わって、ごっこの世界は豊かになっていくのだなと感じた。

ままごとのおうちの壁にも、節分の鬼の盾にもなる便利なダンボールの仕切り。

子どもは、大人のしかけにみごとにはまり、遊びは大人の予想をはるかに超えていく。だから、大人は、次のしかけをワクワクしながら考える。そして、遊びの感性に磨きをかける。

活発ゆえに、手や口が出て、大人は、ハラハラの毎日だった。しかし、一方で、こんなワクワクする瞬間にあふれていたのだ。

自分の気持ちを出してもいいんだよ

2年間の物語の締めくくりに、子どもが自分の思いを表現できるように支える大人のていねいなかかわりを紹介したい。

1歳児クラス　10月18日　みずきちゃんの気持ち　記…清水

物の取り合いや友だちとのやりとりの中で、自分の思いが通らなかったり、うまく物事が進まない状況になると気持ちが折れて大泣きすることの多いみずきちゃん。大人がフォローしたり友だちがなぐさめようと近づくと自分の思いでいっぱいになり「ダメダメ!!」とパニックになってしまう。今日は新しい押し車が使いたくて手を伸ばすと、そばからてんとう組のせいくんに〝使っているからダメ!〟と言われてしまう。大泣きで清水のところへやってきて悲しい気持ちをアピールする。そこで「どうしたの?」と聞くと「ママがいい〜!!」と言う。「ママがいいのはわかったよ。でもどうして泣いているの?みずきちゃんは違うことで泣いていたんじゃないの?」とゆっくり話す。すると、「みずきちゃん使いたかったの」と自分の気持ちをはっきりと伝えた。そして、いっしょにせいちゃんのところへ行って「使いたい」と自分の言葉で言うことができた。せいちゃんに「ダメだよ!」と言われてまた泣きそうになり、清水が「じゃあおわったら次かして!　待ってるね」と声をかけるとお互い納得したようだった。

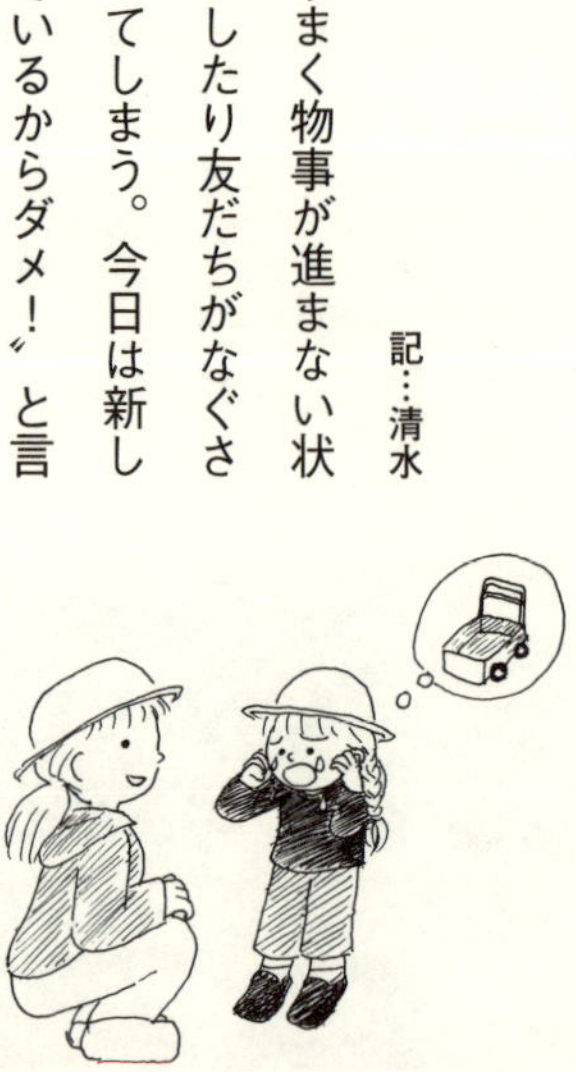

しばらくして押し車をかしてもらえた時はとてもうれしそうだった。うまくいかないことがあると、大泣きしてぐちゃぐちゃになって、〝悲しい〟という気持ちでいっぱいになってしまうみずきちゃん。今日はごまかさずにはっきりと伝えてくれた。その気持ちをうれしく思った。

清水さんは、みずきちゃんに、自分の要求を相手にぶつけていいんだよと伝えたかった。大人が何より大事にしていることは、子どもが自分の思いを十分に出すこと、そして、その思いを相手に伝えられるようになることだ。だから、当然、たくさんのぶつかり合いが生まれる。しかし、大人は、ぶつかり合うことも大事だと考えてきた。

ぶつかり合いを通して、子どもは、大人に支えられながら、相手の思いを知り、立ち止まり、まわり道をしながら、自分の思いを実現する喜びを経験していく。そして、期待して待つ喜びを知るようになる。

その経験は、子どもにとって、自分の思いに対する自信となり、自分を信じる気持ちを育てる。こうして、〝自分を大切に思える人〟の土台がつくられていくのだろう。

ちょっと待ってみると

大人は、子どもの思いにていねいに心を寄せ、思いを受けとめようとしてきた。しかし、その受けとめ方をとことんきわめればよいかといえば、保育はそう単純にはいかない。日々のエピソードは、保育にはマニュアルがないことを教えてくれた。保育は、大人が決めるものではない。かかわりの中で変化し、思いがけない展開が広がっていく。だから、急がないこと。これも大事なことだった。子どものステキな姿は、ちょっと待ってみることからたくさん生まれてきた。子どもの本当の思いも、少し待ってみると見えてきた。

みつばち組のこんなエピソードがある。

1歳児クラス　7月28日　取れちゃったよ　記…反町

新聞紙とガムテープでポシェットをつくった。あやめちゃんはいつものようにつめ放題におもちゃを入れている。だから「取れちゃった」とポシェットを持ってきたときは、〝つめすぎるからでしょ〟と言いかけた。ところが、あやめちゃんは自分の肩にポシェットを提げている。そして、「さつきちゃんの」と差しだした。どうやら〝さつきちゃんのポシェットのひもが取れたから直してあげて〟ということだったようだ。ポシェットがこわれて、友だちが困っている姿を見て、助けてあげようと思ったあやめちゃんの気持ち、ステキだなとうれしかった。

これは、反町さんが、「つめすぎるからでしょ」と言わなくてよかったと胸をなでおろしたエピソードだ。あやめちゃんは、よくばりなあやめちゃんから、思いやりのあるやさしいあやめちゃんに変身した。もし、あやめちゃんのポシェットに気づくのが遅かったら、あるいは、反射的に注意していたら、あやめちゃんのやさしい思いは気づかれないままだったかもしれない。

大人は、こうして、日々の生活の中で、子どもの思いに気づき自分のかかわりをふり返る。反町さんは、自分の保育をふり返り、記録に残して自分の成長の糧にした。こんなふうにふり返る時間も大切なことだ。

子どもとゆれ、子どもから学ぶ初々しさを失わない大人たち

こうして、子どもは、大人にたくさんのことを教えてくれた。子どもから学ぶことこそ、保育のおもしろさであり醍醐味だと感じてきた大人たち。だから、ゆったりと見守るまなざしを大事にしてきた。

新人名取さんは、子どもから学ぶ大人の初々しい姿をたくさん見せてくれた。こんなエピソードがある。

2歳児クラス　4月17日　牛乳パックとみずきちゃんとさつきちゃん　記…名取

朝おやつの前の部屋遊びでのこと。しおんちゃん、さつきちゃん、みずきちゃんがそれぞれ牛乳パックにおもちゃを入れる遊びをしていた。すると、さつきちゃんが急に泣きだし、みずきちゃんが持っている牛乳パックを指さして「あれさつきちゃんの！」と泣きながら訴えた。しかし、大人はどちらが使っていたのかわからず、「最初にさつきちゃんが使っていたの？」と聞くと「うん」と答えた。みずきちゃんに聞いてみると「みずきちゃんが使ってた！」とお互いにゆずらない。だれも使っていない牛乳

パックがあったので「これ空いてるみたいだよ！」と言うが、「さつきちゃん、あれ使ってた！」と涙を流す。それを見てみずきちゃんも、本当に自分が最初に使ってたの！　と言わんばかりに大きな涙を流し2人とも泣いていた。

みずきちゃんは、牛乳パックを絶対に渡したくないし、さつきちゃんもみずきちゃんが持っている牛乳パックが欲しい。どのように解決できるか考えていると、きよみちゃんが「きよみちゃん調理室にあるか聞きに行きたい！」と言った。それを聞いて「さつきちゃんも行く！」と、2人は少しずつ泣きやんだ。「じゃあ午後いっしょに聞きに行こうか？」というと「うん！」と言って落ち着いた。おもちゃでのトラブルはよくあるので、一つひとつ、なるべく子どもたちがスッキリした気持ちで解決できるようにしていきたい。

みずきちゃんとさつきちゃんの絶対ゆずれない気持ちに直面し、困ってしまった名取さんを救ったのは、そばで見ていたきよみちゃんだった。調理室に新しい牛乳パックをもらいに行くという妙案が、2人の引くに引けない思いを和らげた。

4月に保育士になったばかりの名取さんには、自己主張のぶつかり合いにただ困るしかなかった。でも、これがよかった。高いところから〝ジャッジ〟するのではなく、小手先の技術で子どもの気持ちをごまかすのでもなく、子どもの目線になって、とまどっていた。そこに、他の子どもがかかわる隙間と時間ができたのだ。保育は大人だけが動かすものではなく、子どもといっしょに動いていく。だからこそ、時間と空間が大事。それを、日々の保育のなかで学びながら名取さんは成長していった。
しかし、保育経験を積んでいくと、名取さんのようなナイーブなかかわりを忘れて、大人目線で対応してしまいがちだ。そんな自分をふり返る清水さんのエピソードがある。

2歳児クラス　9月14日　どうしたらいいかな〜？　記…清水

さつきちゃんとさなえちゃんがおもちゃの取り合いになる。タッチの差でさつきちゃんが手にしたようで、ひっぱり合いになり、「さつきがつかってたのー！」と号泣する。そこで清水が、どちらの思いも聞いて、お互いに使いたいことを伝え合う。その様子を見ていたみずきちゃんとしおんちゃんが「どうしたの？」とやってきた。状況を説明して、「どうしたらいいかな〜？」と清水がつぶやくと、「うーん」と考えている。さつきちゃんとさなえちゃんは黙ったままで気持ちに余裕がない。「じゃあ、おわったらかしてもらうのは？」としおんちゃんが提案する。そこでそれを伝えると、最初はイヤというさなえちゃんだったが、しばらくして、「おわったらかして！」とさつきちゃんに伝えた。「さつきがつかうから……」との返事。そこで、清水が「さつきちゃんが遊んでからでいいみたいだよ」と話すと納得して終わった。取り合いがあった時に、子どもに「どうする？」と聞くことを最近していなかったなとふり返った。大人が決めるのではなく、子どもといっしょに考えたり、少しだけ力をかす役割ができていたかなと反省した。子どもたちの思いに寄り添って保育していきたいなと思った。

みずきちゃんとしおんちゃんの「どうしたの？」の言葉で、そういえば、最近は大人の力だけで、急いでその場を解決してしまっていたと自分の保育をふり返った清水さん。子どもの思いを大事にするなら、大人が一方的に問題を片づけるという態度ではなくなるはず。困ったときには他の子どもの力を借りていっしょに考えてみる。すると新しい道が見えてくる。そんなかかわりを大事にしてきたはずなのだ。日々の多忙さの中で、大人は保育をふり返る余裕がなくなっていく。そして、自分が保育の中で何を大事にしたいのかも見失いがちだ。そのことを子どもが教えてくれる。

ところで、このエピソードにも出てくる、「おわったらかして」や「あとでかして」は、みつばち組からずっと続く子ども同士のかかわりの基本だ。今、楽しく遊んでいる子どもの気持ちを大事にするなら待つ時間が必要。だから、大人は「おわったら」とか「あとで」などと、子どもといっしょに声をかけてきた。

自分の思いを伝えて待つという姿勢は、いつの間にか一人ひとりの子どもの中に根づきはじめている。清水さんは、そのことを子どもの言葉で確認するとともに、子どもの成長に気づき、子どもを信じる気持ちを新たにしたことだろう。

「おわったらかして」の意味

筆者がバオバブ霧が丘保育園に通いはじめて、子どもたちの「おわったらかして」「あとでかして」というやりとりの言葉を聞いたとき、なるほどうまい言い方だなと思った。それまでに見てきた保育の中では、「かして」に対して「いいよ」というパターン化したやりとりが多かった。本当は、「いいよ」と言いたくないのに、教えこまれたパターンが口をついて出てきて、納得できないまま返事をしてしまい、子どもは不機嫌になっていった。

本園に話を戻そう。「おわったらかして」と声をかけられたときの1、2歳の子どもの第一声は、「ダメ」とか「イヤだ」である場合が多い。楽しく遊んでいる子どもの立場になれば、中断させられることは心外なことだ。ましてや、自我が芽ばえ、自分を意識しはじめて所有意識が強くなってきた子どもたちにとって、自分が使っているものをそう簡単に渡せるはずがない。むしろ、すぐに手放す子どものほうが心配だ。だから、かしてほしいと迫ってこられたら「イヤだ」と答えるやりとりこそが自然なはずだ。

こんな場面で、大人は、まず、自分の思いを伝えた両者の行為を認める。両方とも、今の気持ちを素直に表現しているのだから。そして、「ダメ」と言われてくじけそうになった気持ちにていねいに寄り添いながら支え、しばらくしてかしてもらえたときには子どもとともに喜ぶ。1歳のころから、こんなかかわりを粘り強く続けてきた結果、てんとう組の清水さんが書いた「どうしたらいいかな～?」のエピソード（215ページ）が生まれてきたのだ。

「おわったらかして」には、今あなたが楽しんでいるその時間を保障しますよ、というメッセージがこめられている。さらに、終わりを決めるのはあなたですよ、という意味も含まれる。つまり、自分の思いを伝えつつ、相手の気持ちも尊重する言葉だ。

やりとりをはじめたころの1歳の子どもたちにとっては、「かして」も「おわったらかして」も同じ意味だろう。しかし、大人とともに、かしてもらうまでのプロセスを何度も経験していくこと

どうなる!?
ひと呼吸おいて見守る。

で、相手の思いに気づき、期待しながら待つことを体験的に学んでいく。そして、その行為は、そのプロセスを理解するという知的な作業だけではなく、プロセスで経験する喜びや心地よさという感情もともなう。伝え、受けとめられ、相手の思いを受けとめ、そして自分の思いを実現するという一連の流れのなかで、心地よさを大人とともに体験し、子どもは、自分の思いを持つこと、その思いを伝えることを肯定するようになる。

自我の豊かなふくらみから、社会的な自我へ

自我とは、そもそも、自分を肯定し、よりよく生きたいと願う心の働きだ。だから、1歳半ばごろに芽ばえた自我を大事に育てるためには、こうした一連のプロセスを子どもといっしょにていねいにたどっていくことが大人に求められる。

そんなことを経験的にも理解しながら、みつばち組とてんとう組の大人は、子どもが自分の思いを出すことを保育の要にしてきた。そして、両者の思いを尊重するために、「おわったらかして」のような時間的なゆとりを含んだ言葉を使いながら、双方の気持ちに粘り強くつき合ってきた。そんな大人の姿から、子どもたちは、自分が大事にされていることを感じとり、自分の思いを伝えること、そして、相手の気持ちが動くのを期待しながら待つことの心地よさを重ねてきたのだろう。「自分を大切に思える人」への第一歩が踏みだされたといってもよいだろう。

ところで、こんな場面を見ていた子どもたちはどんな経験をしているのだろう。最後に紹介した

てんとう組の名取さんと清水さんのエピソードでは、子ども同士のお互いにゆずれない膠着した場面で、まわりの子どもが助け船を出してくれた。同様のステキなエピソードは、本書の中にたくさん出てきた。自分が当事者であるときは、ゆとりのない姿を見せる子どもは、オブザーバーになると、名アドバイザーになる。

しかし、このアドバイスはどこかで見たり聞いたりしたことがあると感じる。そう、大人の言葉や行いを模倣しているのだろうと感じられた読者も多いのではないだろうか。表象能力（頭の中にイメージする力）が急速に育ちはじめたこの時期の子どもは、見たり聞いたりすることで、自分のかぎられた経験の幅を一気に広げていく。そして、見聞きした行動や言葉を、この時期の特徴でもある模倣を通して、自分の行動レパートリーの中に取り入れていく。子どもの姿は大人の鏡といわれる所以だ。だから、心地よい模倣は心地よい経験と関係から生まれてくるといってもよいだろう。

こうして、自分にこだわり、自己主張として表現されてきた自我は、仲間との関係を築いていく社会的な自我へと広がっていく。1、2歳は、まさにそのプロセスをたどりはじめる時期なのだ。

本書のエピソードは、まさにこの大切な時期を生きる子どもたちが自分を大きくし、横にも広がってつながっていく姿を具体的な日常の姿の中で私たちに伝えてくれた。

そして、子どもと思いきり遊び、ともに楽しむ姿を見せてくれた保育士たち。子どもとともに成長していくその姿を通して、遊び心と柔軟な心が、保育を生きいきと豊かなものにすることを教えてくれた。今日もきっと、悩んだり笑ったりしながら、エピソードを語り合い、明日はこんなふうにしてみようと思いをめぐらせていることだろう。

泣いて笑って育ちあった仲間たちは、ともに進級を重ね、今では個性派ぞろいの年長さんに成長。

「乳児のエピソードがステキなんだけど、エピソード集を作れないかしら」という園長浜谷さんの言葉から、本づくりがはじまった。このクラスは、かみつきが多かったこともあり、担任の悩みは深刻だったはずだが、筆者も参加させてもらっていたケース検討会では、園全体に支えられながら、今の姿も成長の証と前向きにとらえてがんばる担任の姿が記憶に残っている。その彼女たちが書き続けた1、2歳児クラスの2年間分のエピソードを改めて読んで、一気に乳児の世界のとりこになった。子どものステキな姿に目を向けて、大変な中でも保育を楽しもうとする担任のまなざしと、子どもたちのこんな豊かな日常を多くの人に知ってもらいたいと心から思った。

筆者の役割は、この膨大なエピソードをつなぐことだった。子どもと保育士の生きいきとしたその輝きを消すことなく、この保育の魅力を伝えるには、エピソードをどう選び、どうつなげていけばよいか。試行錯誤しながらの作業だったが、その作業そのものがなんとも楽しいものだった。

このように書くと、構想から完成まで、いかにも順調に進んだように思われるが、座礁しそうになったことも何度かある。そんなとき、寄り添うように助けてくださったのが同じ大学に勤務する清水玲子先生だ。乳児保育の重鎮として保育界ではだれもが知る存在だ。清水先生には、企画の時点から相談に乗っていただき、保育士へのインタビューに同行してくださったこともある。本書に登場する新人名取さんが同僚に支えられて、安心して保育をしていく姿と自分が重なる。もちろん、筆者は、若くてかわいらしい名取さんとは似ても似つかないけれど。とにかく、なんとか完成までたどりつけたのには、先生の存在があったことはまちがいない。心から感謝申し上げたい。

それから、本書の共著者であるバオバブ霧が丘保育園の皆様には、忙しい中、写真の選定、イラスト描きなども含む本づくりの細々とした作業に、園ぐるみで協力していただいた。また、何度も話し合い、何度も話を聞かせてもらった園長の浜谷さんはじめ、清水さん、反町さん、浮島さん、松浦さん、名取さんには、心からお礼を申し上げたい。その話し合いそのものも楽しいものだったし、筆者自身多くを学ばせてもらった。3歳未満児に対する見方を変えるものでもあった。そしてなにより、こんなステキなエピソードを残してくれたことに感謝している。日々のエピソードを書き残すという園の伝統は、今後も絶やすことなく続けていただきたい。

じつは、このようなステキなエピソードが日々書き残された背景には保護者の方々の支えがあった。かみつきが頻発していたときでも、大人がなんとか持ちこたえて前向きに保育できたのは保護者の方々の理解があったからだ。また、保護者の方々には、出版に際し、連絡帳の提供にもご協力いただいた。ステキな園とステキな保護者に出会えたことは幸せなことだった。御礼申し上げたい。

最後になったが、この企画に興味を持っていただきいろいろと助言してくださったひとなる書房の名古屋研一さん、そして書きっぱなしの荒い文章をおもしろがって読んでくださり、励ましつつ的確かつ魅力的なアイデアを出してくださった編集者の松井玲子さんにお礼を申し上げたい。

二〇一五年五月

芦澤清音

刊行に寄せて

この本のもとになったエピソード（印象に残ったこと・子どもの想い・保育者の想い・考察）は、毎日子どもたちと遊び、食事のお世話をし、眠くなるタイミングを見つけながら気持ちよく入眠できるように寄り添い、排泄のお世話をするなどの保育士として当たり前の仕事をしながら、子どもたちが午睡している間に、個人の連絡帳なども書きながら、大急ぎで記録されたものです。そんな旬のエピソードを読む機会に恵まれた私は、いつも「なんておもしろいのだろう。もっとくわしく聞いてみよう。クラス担任はなんて子どもたちをあたたかく見守っているんだろう」と笑みを浮かべながら読んでいました。このエピソードが時間とともにどんどん埋もれていくのはもったいない、なんとか残す方法はないものかと、ケース検討会でお世話になっている芦澤先生につぶやいてみました。そのつぶやきが現実となり、2年分の資料を3人の職員でデータ化する作業から本づくりが進んでいきました。そして、芦澤先生と職員でいっしょに創る「本」が完成することになって、こんなにうれしいことはありません（芦澤先生は大変だったと思いますが）。感謝のかぎりです。

エピソードの記録は私たちにいろいろな気づきをプレゼントしてくれる――これは私たちが年度を重ねるごとに実感を強めていることです。日誌に書きためられたエピソードは、月間保育計画やケース検討会議の資料、年2回の保育のふり返りの会議資料にも記載されるので、年間を通して園内で話題になります。もちろん、毎日の保育の中では、感情的に子どもと向き合う場面がないとは言えませんが、他の職員とともにエピソードを語り続けることで、「あの時、もう少し待ってあげればよかった。いつの間にか自分でできるようになっていた」とふり返ることもできるのです。

この本のみつばち組・てんとう組の担任たちも、まさにそうでした。日々行っている「10分ミーティング」では、毎日のように「今日もかみつきがあって。引っかかれちゃって……」の報告があるにもかかわらず、エピソードには新しい発見とかおもしろいと感じたことしか書かれていませんでした。そして、エピソードを語る時は「もうおかしくって～」と笑い転げるほど子どもたちをおもしろがっているし、聞く側も「それでどうしたの?」と興味津々になるので、とても楽しい時間になっていました。今回、この1～2歳児のエピソードを改めてつなげて読むことで、私たちの園が乳児期に大切にしたいと思っている「大人をよりどころに、自分を大切に思える人」の基礎が育っていることを確かめることができました。これからも職員とともに保育を楽しもうと思いました。

最後に、日頃から私たちの保育を支えてくださっている保護者の皆さんに心から感謝申し上げます。とくにこのクラスでは、お母さんたちが主体の「ママ会」(保護者会役員のお母さんが主体的にはじめたもの)でのつながりが、自我の芽生えで起きるさまざまなトラブルを大目に見てくださることにもつながって、職員も子どもたちと楽しい時間を過ごすことができました。そして、つぶやきを形にしてくださった芦澤清音先生、相談に乗ってくださった清水玲子先生、ひとなる書房の松井さん、園庭マップを描いてくれた職員の江口さん、本の中のイラストを描いてくれた松浦さん、ありがとうございました。

バオバブ霧が丘保育園園長　浜谷幸子

短時間の打ち合わせでも寸暇を惜しんで旬のエピソードが語られる。

著者プロフィール

◉芦澤清音（あしざわきよね）
帝京大学教授。専門は発達臨床心理学、心理発達相談、障害児保育。おもな著書に『発達障がい児の保育とインクルージョン』（大月書店、2011年）、『仲間とともに自己肯定感が育つ保育』（共著、かもがわ出版、2013年）、『発達障害児・気になる子の巡回相談』（共著、ミネルヴァ書房、2009年）。

◉バオバブ霧が丘保育園
1972年に開設したバオバブ保育園（東京都多摩市）を運営する社会福祉法人バオバブ保育の会が、2006年に横浜市より民営移管を受け開園。同法人には、現在5つの保育園と2つの学童クラブがある。各園の園長はじめベテランの保育士たちは、長年「バオバブ」の中で、子どもの育ちと保育について語り合い、本書で紹介した保育理念と保育文化を作り上げてきた。園としての歴史はまだ浅く、比較的若い保育士の多いバオバブ霧が丘保育園だが、「バオバブ」の歴史と文化を土台に、園に新しい息吹を吹き込みながら霧が丘保育園らしい保育を作っている。

装幀　山田道弘
装画　おのでらえいこ
園庭マップ　江口未来子
本文イラスト　松浦瑠璃子

年齢別保育研究
1・2歳児の自己肯定感の土台を育む——泣いて笑って育ちあう16人の物語

2015年7月15日　初版発行

著　者　芦澤 清音
バオバブ霧が丘保育園
発行者　名古屋 研一

発行所　㈱ひとなる書房
東京都文京区本郷2-17-13
電　話 03(3811)1372
ＦＡＸ 03(3811)1383
e-mail：hitonaru@alles.or.jp